목표 달성까지 7일

Copyright ⓒ 2021 published by Big Picture Company
All rights reserved. No part of this book may be reproduced, stored in a retrieval system, or transmitted in any form or by any means, electronic, mechanical, photocopying, recording, or otherwise, without prior permission in writing from the publisher.

저작권자 ⓒ 정경수
이 책의 저작권은 저자에게 있으며 출판권은 큰그림(빅픽처컴퍼니)에게 있습니다.
이 책은 저자와 큰그림(빅픽처컴퍼니) 사이의 저작권 계약에 의해 출판되었습니다.
서면에 의한 저자와 출판사의 허락 없이 내용의 일부를 인용하거나 발췌하는 것을 금합니다.
이 책에 사용된 사이트와 프로그램, 로고는 해당 회사가 상표나 저작권을 가지고 있습니다.

궁극의 목표를 달성하는 현실적인 방법
목표 달성까지 7일

초판 1쇄 인쇄	2021년 12월 13일
초판 1쇄 발행	2021년 12월 20일
지은이	정경수
펴낸곳	큰그림(빅픽처컴퍼니)
펴낸이	박상화
책임편집	정도환
디자인	디자인화
그래픽	데코앤데코
등록번호	제2021-000018호
등록일자	2021년 1월 27일
ISBN	979-11-87201-38-0 03320
주소	서울시 중구 퇴계로86길 29
전화	010-5229-5729
팩스	0505-116-6422
이메일	bpcpress@naver.com

'큰그림'은 빅픽처컴퍼니 Big Picture Company의 출판 브랜드입니다.
잘못 만들어진 책은 구입하신 곳에서 바꾸어 드립니다.
값은 뒤표지에 있습니다.

이 도서의 국립중앙도서관 출판예정도서목록(CIP)은 서지정보유통지원시스템 홈페이지(http://seoji.nl.go.kr)와 국가자료종합목록 구축시스템(http://kolis-net.nl.go.kr)에서 이용하실 수 있습니다. (CIP제어번호 : CIP2020045919)

궁극의 목표를 달성하는 현실적인 방법

목표 달성까지 7일

7 DAYS TO ACHIEVE **THE GOAL**

정경수
지음

일주일은 목표를 달성하기 딱 좋은 기간

거의 모든 사람이 하루를 3등분 해서 8시간은 잠을 자고 8시간은 일을 한다. 나머지 8시간은 출퇴근, 일 또는 공부, 각자 할 일을 하며 자유롭게 보낸다. 출퇴근과 식사 시간을 포함해서 일상적인 일을 하는 시간도 8시간에 포함된다. 자유 시간으로 주어진 8시간은 적지 않다. 하지만 파편처럼 조각나 있어서 오롯이 목표 달성을 위한 생산적인 시간으로 활용하려면 계획이 필요하다.

계획을 세울 때는 우리가 생활하는 시간의 흐름을 알아야 한다. 허투루 낭비하는 시간이 없애려면 하루 단위의 할 일 목록이 아니라 일주일 단위로 계획을 세워야 한다. 우리 생활은 하루가 반복되는 것 같지만 실제로는 일주일이 반복된다. 학교 시간표, 회사 업무, 강연, 모임 등은 일주일 단위로 진행된다. 직장인, 기업가, 프리랜서, 학생 등 모두가 평일과 주말을 나눠서 일과를 계획한다. 이것만 봐도 우리 생활이 일주일을 주기로 반복된다는 것을 알 수 있다.

우리 일과는 하루, 일주일, 한달, 1년 단위로 리셋된다. 아침에 종이에 쓴 할 일 목록 가운데 몇 가지 일은 내일로 넘어간다. 월초,

연초에 정한 목표는 월말, 연말에 기억에 남아 있지 않다. 목표를 달성하는 데 하루는 짧고 한달, 1년은 길다. 목표를 정하고 달성하는 주기는 일주일이 가장 적당하다.

원대한 목표를 달성한 사람의 일대기에는 목표를 한순간도 잊지 않았다는 얘기가 빠지지 않고 나온다. 목표를 생각하는 시간에 비례해서 목표를 달성하는 확률이 높아진다. 구체적인 목표와 실행 가능한 계획을 일주일 단위로 생각하면 목표를 잊어버리지 않는다.

일주일 단위로 계획을 세우고 일주일마다 목표를 달성하는 구조를 만들어서 작은 목표를 하나씩, 꾸준히 달성하면 '크고 대담하고 도전적인 목표(BHAG)'도 달성할 수 있다.

이 책에 일주일마다 목표를 달성해야 하는 이유와 방법, 목표와 계획에 관한 이론과 현실적으로 실천 가능한 조언을 정리했다. 마지막에 목표 달성에 필요한 멘탈 트레이닝까지 실천할 수 있도록 구성했으니 믿고 따라 해보기 바란다.

궁극의 목표를 달성하는 그날까지 건투를 빈다.

정경수

차례

머리말 4

차례 6

CHAPTER 1 일주일 안에 목표를 달성해야 하는 이유 11

01 일주일, 목표를 이루는 시간 13

02 우리 일과는 일주일 주기로 반복된다 21

03 모든 목표는 일주일 단위로 나눠서 달성한다 31

04 목표에는 반감기가 있다 39

05 작심삼일 두 번이면 일주일이 지난다 47

CHAPTER 2 일주일 안에 달성하는 목표 55

01 작은 목표를 즉시 실행하는 계획 57

02 현재 편향과 하이퍼볼릭 디스카운트   65
03 일곱 칸의 목표 사다리   75
04 노력을 그만두고 싶을 때, 딱 일주일만 더 노력한다   82

3 CHAPTER 목표 달성에 도움이 되는 이론   93

01 목표를 생각하는 시간만큼 목표에 가까워진다   95
02 궁극적인 목표가 필요하지 않은 순간은 없다   102
03 모든 사람이 목표를 빨리 달성하려고 한다   112
04 꿈을 목표로, 목표를 현실로 만드는 방법   124
05 성취목표 이론과 성장의 마인드세트   135
06 이론적·체계적으로 목표 관리하기   145
07 우선순위를 정하는 이론과 실천 사항   158

CHAPTER 4   일주일마다 목표를 달성하는 방법   169

01 목표를 달성하는 이유를 먼저 생각한다   171
02 목표를 달성하는 의식   182
03 목표에 관해서 긍정적으로 생각한다   188
04 현재 하는 일을 목표와 연결해서 기록한다   195
05 목표 달성을 위해서 '시작하기'   200
06 목표를 달성하는 매우 강력한 방법   207

CHAPTER 5   목표 달성을 위한 멘탈 트레이닝   217

01 목표를 달성한다는 믿음을 나타내는 말   219
02 목표를 달성하기 전과 달성한 후를 비교한다   225
03 멘탈 트레이닝이 필요한 이유   231

04 긍정적인 생각과 목표 달성 236

05 내가 하는 모든 결정은 옳다 241

06 빠른 결정은 목표 달성에 도움이 된다 247

맺음말 252

참고문헌 254

일러두기

- 도서명은 《 》, 영화, 예술작품, 방송 프로그램, 간행물, 논문 제목은 〈 〉로 표시했다.
- 참고문헌에서 원문 그대로 인용한 글은 본문에서 ' '와 " "로 표시했다.
- 참고문헌은 단락 끝에 숫자로 표시했고, 참고문헌에 저자, 도서명·기사 또는 글 제목, 출판사·매체, 발행연도, 참고한 페이지 번호를 표시했다.
- 참고도서에서 서술한 내용을 맥락상 이해를 돕기 위해 부연설명하거나 표, 그래프, 도식으로 재구성했다.

CHAPTER

일주일 안에 목표를 달성해야 하는 이유

일주일, 목표를 이루는 시간

일·공부를 할 때, '여기까지 해야지'라고 마음먹는다. '여기까지 하기'로 마음먹는 게 목표다. '여기까지'를 몇 번 반복해서 완료한다는 생각이 계획이다.

번번이 목표 달성에 실패하는 사람이 있다. 여기까지 하기로 마음먹은 데까지 한두 번은 완료한다. '여기까지 하기'를 몇 번 하다가 시간이 조금 지나면 그만둔다. '여기까지 하기'를 계속하지 않은 이유를 물어보면 '시간이 부족해서'라고 말한다.

많은 사람이 목표를 정하고 계획을 세워도 시간이 부족해서 목표를 이루지 못한다고 생각한다. 관점에 따라서 목표를 이루지 못하는 이유가 부족한 시간 때문일 수도 있지만, 모든 사람에게 똑같이 주어진 시간에 목표를 이루는 사람이 있는 걸 보면 시간 부족을 탓할 건 아니다.

목표를 이룬 사람과 목표를 이루지 못한 사람의 차이는 무엇일까? 톨스토이의 대표작 《안나 까레리나》의 첫 문장 "행복한 가정들은 모두 비슷해 보이지만 불행한 가정들은 저마다 이유가 있다."처럼 목표를 달성한 사람은 모두 목표를 정하고 계획대로 실천한다. 반면, 목표를 달성하지 못한 사람은 저마다 다른 이유가 있다.

나는 많은 사람이 시간 부족을 탓하는 이유를 '어쩔 수 없는 상황이었다고 합리화하면서 자신을 보호할 수 있어서'라고 생각한다. 시간이 부족해서 목표를 달성하지 못했다는 사람에게 시간을 더 주면 목표를 달성할까? 단언할 수는 없지만, 시간을 더 준다고 해서 목표를 달성하는 사람이 급격하게 늘어나지는 않을 것이다.

목표를 정하고 계획대로 실천했는데 시간이 부족했다면, 목표를 잘못 정했을 수도 있고 실천할 수 없는 계획을 세웠을 수도 있다. 목표 달성에 실패했다면 주어진 시간을 어떻게 활용했는지 생각해보고 잘못한 것을 고쳐서 다음에 실패하지 않으면 된다.

시간은 모든 사람에게 공평하게 주어진다. 항상 바쁘게 사는 사람에게 시간은 쏜살같이 지나간다. 아무것도 하지 않아도 시간은 흘러간다. 시간을 더 유용하게 쓰는 사람이 더 많이 경험하고 더 많이 배우고 좋은 결과를 얻는다. 보통은 그렇다. 요즘은 열심히 노력해도 반드시 좋은 결과로 이어진다는 보장이 없어서 '열심히'의 의미가 과거에 비해 퇴색했지만, 주어진 시간을 충실하게 보낸 사람은 결과와 관계없이 무언가를 배우고 경험하고 성취감을 얻는다.

시간이 부족하다고 불평해도 시간은 더 생기지 않는다. 시간이 부족한 문제를 해결하려고 시간을 분 단위로 쪼개서 계획을 세우고 그 계획대로 실천한다. 계획을 세우고 지키는 것을 '시간 관리'라고 하는데 정확하게 말해서, 시간은 관리할 수 없다. '자기 관리'라고 표현하는 게 맞다.

계획한 대로 실천하는 시간 관리, 즉 자기를 관리하면 시간이 부족한 문제가 해결될까? 시간 부족은 절대로 해결되지 않는다. 왜냐하면, 시간은 언제나 부족하기 때문이다. 계획을 세우고 시간을 관리하는 이유가 더 많은 일을 하기 위해서라면 시간 관리는 며칠 못가서 틀림없이 실패한다. 시간을 효율적으로 사용해도 계획한 일을 모두 완료할 수는 없다.

인텔의 회장이었던 앤드루 그로브는 "나는 일을 마쳤을 때가 아니라 피곤할 때 일과를 끝낸다. 항상 할 일이 있고, 해야 할 일이 있고, 할 수 있는 일이 있다."라고 했다.[1]

시간 부족은 인간의 힘으로 해결할 수 있는 문제가 아니다. 할 일 목록과 계획은 시간을 효율적으로 활용하게 해준다. 하지만 제한된 시간에 더 많은 일을 하도록 도와주지는 않는다. 시간 관리 전문가는 계획, 실행, 습관, 의지 등의 요소를 적시적소에 활용해서 목표를 달성하는 방법을 설명한다. 계획은 시간 영역이고 실행, 습관, 의지는 자기 관리 영역이다. 나는 두 개의 관리 영역에 속하는 요소에 '일주일'이라는 기간을 핵심 요인으로 추가해서 목표 달성의 해결책을 찾았다.

계획, 습관, 의지, 실행 등의 요소는 동시에 작용한다. 우리 생활은 일주일을 주기로 반복된다. 따라서 시간 부족과 목표 달성의 문제는 '일주일'이라는 기간을 중심에 두고 생각하면 현실적인 해결책이 나온다.

일주일을 '목표를 달성하는 시간'으로 활용하려면 우선 활용할 수 있는 시간을 계산해야 한다. 활용 가능한 시간을 알아야 할 일과 그 일을 하는 데 필요한 시간을 배분할 수 있다. 하루는 24시간, 일주일은 168시간이다. 보통 사람의 일과는 하루 24시간 중에서 8시간은 잠을 자고 8시간은 일 또는 공부, 각자 할 일을 한다. 나머지 8시간은 자유롭게 쓸 수 있다. 도시생활자의 평균 출퇴근 시간은 1시간 30분에서 2시간이다. 평일에 자유롭게 쓸 수 있는 시간은 최대 6시간 정도다. 학생의 자유시간도 직장인과 비슷하다. 주말에는 자유시간이 좀 늘어난다. 대략 계산하면 일주일 동안 자유시간의 합은 40~50시간이다. 적지 않은 시간이다. 하지만 자유시간은 파편처럼 조각나있다. 시간 효율과 상관없이 TV를 보거나 SNS, 게임을 하며 자유시간을 보낸다. 운동을 하거나 책을 본다면 매우 생산적인 자유시간을 보내는 것이다. 생산적인 시간 활용에서 휴식은 필수다.

자유시간을 전부 생산적으로 활용해야 하는 건 아니다. 아무 것도 안 하는 시간, 그냥 흘려보내는 시간도 어느 정도는 필요하다. 하지만 의미 없이 보내는 시간이 길어질수록 자기 관리는 실패한다.

일본에서 경제 캐스터로 방송 활동을 하는 니시무라 아키라는 《퇴근 후 3시간》에서 하루에 자기 마음대로 쓸 수 있는 3시간을 정하고 미래를 위해서 활용하라고 했다. 퇴근 후 3시간을 내 마음대로 활용한다면, 주말을 제외하고 일주일을 5일로 계산했을 때 15시간이다. 1년을 52주로 계산하면 780시간, 40년 동안 사회생활을 한다면 31,200시간이다. 31,200시간은 1만 시간 법칙이 세 번 통할 정도로 길다.

이 시간을 어떻게 활용하느냐에 따라 인생이 바뀐다. 직무개발

분야에서 다양한 교육 프로그램을 제공하는 커리어트랙[CareerTrack]의 설립자 지미 칼리노는 대학을 졸업하고 18년 동안 퇴근 후 3시간을 이용해서 아이디어 개발과 보고서 작성, 의사결정에 필요한 자료를 수집·분석하는 일을 했다. 그는 동료와 경쟁자보다 우위에 서게 된 요인으로 저녁에 집에서 3시간 동안 집중해서 일한 것을 꼽는다.[2]

목표를 정하고 자유시간에 목표와 관련 있는 일 또는 공부를 하는 방향으로 계획하면 자유시간을 생산적으로 쓸 수 있다. 공부, 부업, 회사·학교에서 완료하지 못한 일·과제, 취미 생활을 하는 것도 바람직하다.

나는 일주일 동안 주어진 자유시간 가운데 서너 시간을 다음과 같은 활동으로 유익하게 쓰려고 계획을 세운다.

- 업무와 관련 있는 책 읽기와 공부하기
- 다큐멘터리 방송 시청하기
- 온·오프라인 세미나·강연회 참석하기
- 온·오프라인으로 지인과 소통하기

나의 일과를 예로 들면, 책 읽기와 공부, 다큐멘터리 방송 시청은 요일에 상관없이 자유시간에 언제든지 할 수 있다. 온·오프라인 세미나와 강연회는 일주일에 한두 번, 정해진 요일에 참석한다. 지인과 만남도 매일 있는 일은 아니다. 업무적인 약속은 보통 일주일 정도 시간을 두고 날짜를 정한다. 보통은 다음 주 며칠에 만나자고 얘기한다. 급한 일이 아니면, 일주일쯤 뒤에 만나기로 한다. 만남을 위해서 일주일 동안 서로 준비할 일이 있고 만나서 할 일, 만나기 전에 처리할 일 등을 서로 정리하기 위해서다.

학교 시간표, 회사 업무는 일주일 단위로 구성되고 정기적으로 열리는 세미나·강연도 대부분 일주일 단위로 진행한다. 매일 같은 하루가 반복되는 것 같지만 평일[주]과 주말로 구분하는 것만 봐도 일과가 반복되는 최소 단위가 일주일이라는 것을 알 수 있다.

우리 생활이 일주일 단위로 반복되기 때문에 목표도 일주일 단위로 정해야 한다. 주말 또는 월요일에 일주일 동안 달성할 목표를 정하면 매일 아침에 할 일 목록을 쓰기가 수월하다. 목표가 정해진 상태이므로 중요한 순서, 또는 급한 순서대로 할 일 목록을 쓰고 실천한다. 그러면 일주일 안에 목표를 달성하는 구조를 만들 수 있다.

우리의 일과는 매일 아침 그리고 일주일을 시작하는 월요일 또는 주말에 리셋Reset된다. 매달 1일과 매년 1월 1일에도 리셋된다. 한달과 일년은 주기가 길어서 단기 목표를 달성하는 기간으로는 적당하지 않다. 목표 달성 주기는 일주일이 적당하다.

시간을 효율적으로 이용하려면 일주일 동안 달성할 목표를 2~4개 정한다. 다이어리 또는 종이에 목표를 손으로 쓰는 게 가장 효과적이다. 스마트폰 일정 관리 앱에 입력해도 좋다. 가능하면 종이에 손으로 직접 쓰기 바란다. 일주일 안에 달성하는 목표는 이틀 정도 걸리는 일로 작게 나눈다. 최대 삼일 안에 달성할 수 있는 목표를 정한다. 목표를 달성하는 기간이 3일을 넘지 않아야 하는 이유는 작심삼일이 발동하기 때문이다. 이삼일 안에 완료하는 목표를 2~4개 적은 다음 제일 중요한 목표에 1번이라고 쓰고 중요한 순서대로 2번, 3번, 4번, 번호를 넣는다. 번호를 표시한 목표 옆에 달성해야 하는 요일을 적는다. 정해진 요일이 목표를 달성하는 기한이다. 만날 사람이 있다면 이름과 약속 날짜·요일을 적는다. 이렇게 2~4가지 목표와 약속 등을 다이어리에 적어두면 매일 아침 할 일 목록을 쓸 때 중요한 일, 목표를 잊지 않는다. 이런 방법으로 일정을 주도할 수 있다.

  주말에 다음 일주일 동안 달성할 목표를 생각해두었기 때문에 날마다 쓰는 할 일 목록에는 그날 할 일을 상세하게 적을 수 있다. 마감일도 정했다. 그 일을 실제로 하면 된다. 이렇게 하면 목표를 달성할 가능성은 비약적으로 높아진다.

우리 일과는 일주일 주기로 반복된다

 십여 년 전에 《아침형 인간》이라는 책이 화제가 됐다. 이 책의 부제는 '인생을 두 배로 사는'이다. 아침형 인간이 되면 인생이 두 배까지는 아니라도 사용할 수 있는 시간이 꽤 많이 늘어난다. 이 책이 나온 이후에 내가 다닌 회사에서는 아침에 일찍 출근해서 업무를 시작하는 캠페인을 시행했다.

 일본의 경영 컨설턴트 오마에 겐이치는 전화벨 소리, 도심의 소음이 시작되기 전 이른 아침 시간에 집중력이 필요한 일을 한다. 이른 아침은 조용하다. 숙면을 한 뒤에는 에너지도 최고조 상태다. 이른 아침은 창의적인 일을 하는 데 효과적이다. 수학·과학 과목도 아침에 공부하는 게 좋다. 이른 아침에 일을 시작해서 사람들이 출근하기 전까지 중요한 일을 마치기로 하고 몰입하면 마감효과를 볼 수 있다. 소음이 집중력을 떨어트리는 가장 큰 요인이므로 이른 시간에 중요한 일을 처리하는 건 분명히 효과가 있다. '미라클 모닝'이 화제가 되면서 아침형 인간이 되려는 사람이 늘어났다. 하지만 십여 년 전에 그랬던 것처럼, 새벽에 일어나서 하루를 시작하는 열풍은 없었다. 적어도 내 주변에는 없었다.

아침형 인간만 시간을 효율적으로 사용하는 건 아니다. 올빼미형 인간도 있다. 사람의 에너지는 하루에 여러 번 상승과 하락을 반복한다. 아침형 인간은 이른 아침에 에너지가 상승한다. 반면, 올빼미형 인간은 밤늦게 다량의 에너지가 나온다. 에너지가 상승하는 시간에 맞춰서 이름을 붙이면 대낮에 에너지가 최고조에 달하는 대낮형 인간, 자투리 시간에 집중이 더 잘되는 자투리형 인간도 있을 것이다. 하루 중에 에너지가 상승하는 시간, 즉 집중력을 최고로 끌어올리는 시간을 활용하면 올빼미형 인간, 대낮형 인간, 자투리형 인간 모두 인생을 두 배로 살 수 있다.

자연적으로 에너지가 상승하는 시간을 활용하는 방법 외에 인위적으로 집중력을 높이는 방법이 있다. 샤워하거나 커피, 초콜릿을 먹는 것이다. 잠깐의 산책도 머리를 맑게 해준다. 샤워, 커피, 초콜릿, 산책은 일시적으로 머리를 맑게 하는 자극제다. 이런 자극제는 효과가 있지만, 그 효과가 오래가지 않는다. 커피나 초콜릿은 많이 먹는다고 계속 효과가 나타나지 않는다. 집중하려면 자극제보다 에너지가 상승하는 시간을 활용하는 것이 바람직하다.

에너지가 최고조에 이르는 시간은 사람마다 다르다. 아침에 에너지가 상승하는 사람이 아침형 인간이다. 아침에 늦게까지 잠을 자야 일과 중에 에너지가 나오는 사람이 있다. 내가 이런 유형이다. 아침 늦게까지 잠을 자야 피로가 풀리는 사람, 저녁에, 또는 대낮에 에너지가 상승하는 사람은 아침형 인간이 되기 어렵다. 나는 오후 2시부터 퇴근 무렵까지 일이 가장 잘된다. 저녁에는 8시~11시 사이에 다시 집중력이 살아난다.

나는 대낮형 인간이다. '아침형 인간' 열풍이 불 때, 몸이 두세 개쯤 됐으면 좋겠다고 생각할 정도로 바쁘게 일했다. 당시에 나도 아침형 인간이 되려고 애썼다. 아침 시간을 알차게 활용하려고 노력했지만, 생각만큼 효과가 크지 않았다. 아침에 일찍 일어나서 일이나 공부에 집중한 날은 온종일 정신이 몽롱했다. 아침에 두 시간 정도 오롯이 내 시간으로 쓰고 나머지 시간은 평상시보다 능률이 떨어졌다. 이 경험으로 사람마다 집중이 잘되는 시간이 다르다는 걸 알게 됐다.

에너지가 최고조에 이르는 시간을 뜻하는 용어는 전문가마다 다르다. 《시스템의 힘》을 쓴 샘 카펜터가 창안한 '생물학적 황금시간Biological Prime Time'이 집중이 잘되는 시간, 즉 에너지가 상승하는 시간을 제대로 표현한 용어다. 샘 카펜터가 말하는 '시스템'은 일과 삶을 구성하는 각각의 시스템을 개선해서 전체 시스템을 관리하는 것이다. 그는 꼭 해야 할 일이 있지만, 그 일을 하기 위한 시간, 돈, 에너지가 거의 없는 사람에게 '시스템'을 개선·보완하라고 제안한다. 실제로 샘 카펜터는 15년 동안 기업을 경영했지만, 실적이 좋지 못했다. 하지만 복잡하게 얽힌 일과 삶의 시스템을 통제하고 관리하면서 경영 실적은 눈에 띄게 향상되었다. 그가 말하는 시스템은 최고의 에너지가 나오는 시간, 집중력을 발휘할 수 있는 시간대, 즉 생물학적 황금시간을 이용하는 것이다. 이 시스템을 이용하면 일효율을 높여서 좋은 성과를 만들 수 있다.[3]

에너지가 떨어지는 시간, 집중이 안 되는 시간은 어떻게 보낼 것인가? 집중력이 떨어지는 시간에는 덜 중요한 일을 한다. 에너지가 낮은 시간에는 열심히 일하는 것보다 그동안 한 일을 점검하고 일과를 계획하는 편이 낫다. 이 시간을 효율적으로 보내는 방법은 완료한 일, 진행 중인 일을 점검하고 계획을 세우는 것이다.

집중력이 상승하는 시간에 핵심 업무를 하는 것이 시간 효율을 높이는 방법이다. 10분 단위로 계획을 세우고 실천하는 것보다 이 방법이 효과가 있다. 문제는 집중력이 상승하는 시간대를 확실하게 알지 못한다는 점이다. 어제는 오전 10시부터 점심 전까지 집중이 잘 됐는데 오늘은 그 시간에 집중이 안 된다. 집중하는 시간이 일정하지 않은 이유는 생물학적으로 반응하는 황금시간을 의식적으로 조절할 수 없기 때문이다.

생물학적 황금시간에 중요한 일을 하려면 에너지가 상승하는 시간을 파악해야 한다. 이 시간을 파악하는 방법은 간단하다. 30분 또는 1시간마다 집중이 잘되는 시간, 딴생각하는 시간, 꾸물대는 시간을 확인하고 다음과 같이 점수를 매긴다.

- 집중이 잘되는 시간 9~10점
- 집중이 보통으로 되는 시간 6~8점
- 집중이 안 됐지만, 그럭저럭 일을 처리한 시간 4~5점
- 꾸물댄 시간 2~3점
- 딴생각을 한 시간 0~1점

집중한 정도에 따라 점수를 매긴다. 생물학적 황금시간을 파악하는 동안에는 일시적으로 머리를 맑게 하는 커피, 초콜릿 등은 끊는다. 샤워와 산책처럼 머리를 맑게 하는 행동은 하루에 한두 번으로 줄인다. 식사량을 줄이고 간식을 준비해서 포만감이 들거나 배가 고프지 않을 정도로 자주 먹는다. 잠에서 깰 때는 알람을 사용하지 말고 자연적으로 아침에 눈을 뜨는 시간을 확인

한다. 술을 좋아해도 이 기간에는 술을 마시지 않는다. 생물학적 황금시간은 적어도 일주일 이상 시간을 두고 파악한다. 그러면 하루 중에 집중력이 발휘되는 시간과 일주일 중에 집중이 잘되는 요일을 알 수 있다.

시간대별로 집중력을 점검하면서 완료한 일, 세부내용, 중요도 등을 적는 시간 가계부를 쓴다. 일과를 확인하는 데 시간 가계부만큼 유용한 것은 없다. 많은 사람이 하루 24시간을 반복한다고 알고 있지만 실제로 우리 생활은 일주일을 반복한다. 생물학적 황금시간도 24시간이 아니라 일주일 단위로 파악해야 한다. 회사, 학교, 학원, 모임, 강의 등 모든 시간표가 일주일 주기로 반복된다. 우리 삶을 제대로 조명하려면 일주일을 주기로 정하고 효율이 가장 높은 시간에 효과적으로 일하는 방법을 찾아야 한다.[4]

생물학적 황금시간을 파악하는 목적은 효율과 효과를 높이기 위해서다. 집중이 잘되는 시간에 중요한 일을 하면 시간 효율을 높일 수 있다. 여기서 효율과 효과의 의미를 제대로 이해해야 한다. 일이든 공부든 적은 노력으로 목적한 바를 더 많이, 더 크게 이루는 것을 '효율이 높다'라고 한다. 내가 SNS에 쓴 글 가운데 조회 수가 가장 많은 글은 '최고의 능률을 발휘하는 최소한의 수면 시간'이다. 잠을 줄여서 열심히 일하려는 사람이 그만큼 많다는 의미다. 목표, 계획, 노력, 성과 등을 이야기할 때 효율, 효과,

전략이라는 단어가 유난히 많이 나온다. 하지만 각각의 의미를 정확히 알고 쓰는 사람은 그리 많지 않다.

이 책에서 그 의미를 확실히 이해하기 바란다. 효율^{Efficiency}과 효과^{Effectiveness}는 한글과 영문 모두 비슷하고 관련이 있는 단어지만 뜻은 다르다. 효과는 목표와 질을 의미한다. 효율은 투입된 자원과 결과에 초점을 맞춘 개념이다. 효율을 다른 말로 능률이라고 한다. 효율은 목표를 달성하기 위해 사용한 '자원의 양'에 따라 달라진다. 자원은 시간, 노력, 인력, 재료(물질) 등이다. 시간을 적게 들이고 많은 결과를 얻거나 노력을 적게 하고도 좋은 성과를 내면 효율이 높다고 말한다. 반대로 시간, 노력, 인력, 재료 등의 자원을 대량으로 투입하고도 질적, 양적으로 기대에 못 미치는 성과를 얻었다면 '효율이 낮다' '비효율적이다'라고 한다. 이에 반해, 효과는 목표 달성에 초점을 맞춘다. 효과는 투입한 자원과 상관없이 목표 달성 여부로만 판단한다. 시간, 노력 등의 자원을 엄청나게 소비해도 목표를 달성했다면 효과가 있다고 말한다. 막대한 자원을 투입해서 얻은 결과가 초라해도 목표를 달성했다면 효과가 있는 것이다. 다시 말해서, 비효율적이어도 효과는 있을 수 있다.

전략의 의미도 정확히 이해해야 한다. 전략은 중요한 목표(결과)를 달성하기 위해 덜 중요한 목표를 버리는 것이다.

효율	투입된 자원과 결과에 초점을 맞춘 개념 목표 달성을 위해 사용한 '자원의 양'에 따라 효율이 달라짐 자원을 적게 들이고 많은 결과를 얻거나 노력을 적게 하고도 성과를 내면 '효율이 높다'라고 말한다.
효과	목표 달성에 초점을 맞춘 개념 목표를 '달성 여부'로만 판단함 자원의 투입량과 무관 목표를 달성했다면, '효과가 있다'라고 말한다.
전략	목표 달성을 위해 더 중요한 것에 집중하고 덜 중요한 것을 버림 큰 목표를 위해 상대적으로 덜 중요한 것을 버려서 목표를 달성했다면 '전략적인 결정'이라고 말한다.

효율과 효과, 전략의 의미를 정확히 이해했다면, 다시 '집중'으로 돌아와서 설명하겠다. 한정된 시간에 목표를 달성하려면 효율, 효과, 전략의 개념을 제대로 알고 실천해야 한다. 시간을 효율적으로 활용해서 효과를 내려면 전략적으로 자원을 투입해야 한다. 다시 말해서, 적은 노력으로 많은 것을 얻으려면 중요한 것^{목표}에 집중하고 덜 중요한 것을 버린다.

일주일 동안 생물학적 황금시간을 파악해서 집중력이 상승하는 요일과 시간에 중요한 일을 완료하기 위해서 효율, 효과, 전략을 최대한 활용한다. 생물학적 황금시간을 활용해서 더 중요한 목표에 집중하면 일주일을 효율적으로 쓸 수 있다.

일주일을 효율적으로 사용하는 대표적인 인물은 팀 페리스다.

그는 생산성을 극대화하는 자기만의 노하우를 《나는 4시간만 일한다》에 담았다. 일주일에 4시간만 일하고 성과를 내는 게 대단하지 않은가? 하루에 4시간만 일해도 굉장한데, 일주일에 4시간만 일하고 원하는 대로 산다니 말이다. 시간 관리 전문가가 목표, 계획, 우선순위, 달성률, 최고의 생산성을 발휘하는 시간 등을 실천하는 방법을 설명하는 데 반해, 팀 페리스는 일에 관한 개념을 다른 시각에서 접근한다. 그가 말하는 일^{work}은 '하기 싫은 것'이다. 이런 개념으로 보면 업무시간, 일의 강도와 관계없이 즐겁게 한다면 일이 아니다. 하기 싫은 것만 '일'이라고 생각한다면, 일주일 4시간만 일하는 게 가능하다.[5]

팀 페리스가 말하는 일^{work}의 개념이 터무니없이 들릴 수 있다. 그런데 다르게 생각하면 틀린 말이 아니다. 즐겁게 일하고 좋아하는 일을 하면, 자연스레 집중력이 발휘된다. 집중하면 능률이 오른다. 결과도 좋다. 설령 결과가 좋지 않아도 일하는 과정이 즐거웠기 때문에 결과를 긍정적으로 받아들인다. 좋지 않은 결과에서도 배울 점, 노하우를 발견하면 성취감을 느낀다. 목표 달성에 실패하더라도 다시 도전할 용기가 생긴다.

일주일 안에 달성할 목표를 정하고, 집중력이 최고조에 이르는 요일과 시간을 전략적으로 활용하면 목표 달성이 조금은 수월해진다. 생물학적 황금시간을 제대로 활용하면서 일주일을 충실하게 보내면 세밀한 시간 관리 없이도 지속해서 목표를 달성할 수 있다. 단언컨대, 효율·효과·전략 측면에서 이보다 더 나은 시간 관리 방법은 없다. 일주일을 전략적으로 활용하고 효율과 효과를 높이려면, 다른 사람이 성공한 방법을 그대로 따라 하지 말고 자기만의 생물학적 황금시간을 파악해서 그 시간에 집중적으로 자원^{시간, 노력 등}을 투입해야 한다.

모든 목표는 일주일 단위로
나눠서 달성한다

'BHAG'를 들어본 적이 있는가? BHAG는 'Big Hairy Audacious Goal'의 머리글자다. 우리말로 하면 '크고 대담하고 도전적인 목표'다. 이 말은 짐 콜린스와 제리 포래스가 쓴 《성공하는 기업들의 8가지 습관》에서 처음 사용했다. 철자를 그대로 읽어서 '비헤이그'라고 발음한다.

크고 대담하고 도전적인 목표는 두 가지 기능이 있다. 첫째, 임기응변식으로 목표를 수시로 바꾸지 않도록 해준다. 둘째, 이 목표는 너무나 매력적이어서 인생을 걸고 도전할 만큼 가치를 느끼게 해준다.

크고 대담하고 도전적인 목표는 최종 목적지다. 최종 목적지까지 로드맵을 그리면 때때로 코스를 이탈하더라도 경로를 다시 설정해서 원래 가던 길로 돌아온다. 샛길로 빠졌다가 다시 로드맵에 그린 경로로 돌아오는 이유는 샛길로 빠져서 헤매는 것보다 최종 목표가 도전할만한 가치가 있어서다.

모든 사람은 큰 목표를 이루려고 한다. "크게 생각하라" "멀리 내다봐라"라는 말은 귀담아듣는 반면, "할 수 있는 일부터 해라" "당장 할 일에 집중해라"라는 말은 왠지 근시안적으로 들린다. 작은 목표를 이루려고 애쓰는 사람은 별로 없다. 그래서 '크고 대담하고 도전적인 목표', BHAG라는 익숙하지 않은 약자를 한 번만 듣고도 그 의미를 기억한다.

먼 미래에 이루고 싶은 아주 큰 목표에 관해서 진지하게 고민하는 사람이 많다. 그런데 당장 끝내야 하는 일, 즉 작은 목표를 먼저 이루지 않으면 먼 미래에 아주 큰 목표는 한낱 꿈일 뿐이다. 결론부터 말하면, '크고 대담하고 도전적인 목표'와 '당장 실천해야 하는 작은 목표'는 한 쌍이다. 두 가지 목표를 따로 떼어놓으면 올바른 목표 설정이 아니다.

크고 대담하고 도전적인 목표를 나누고 다시 나누고, 또 나눈다. 큰 목표를 계속 작게 나눠서 당장 할 수 있는 일이 나오면 그

것이 당장 실천해야 하는 작은 목표다. 도전적인 목표는 여러 단계의 구체적인 목표로 이루어진다. 제일 마지막에는 당장 실천해야 하는 아주 작은 목표가 나온다. 도전적인 목표, 여러 단계의 구체적인 목표, 작은 목표는 하나의 선으로 연결된다.

하나의 선으로 연결되도록 목표를 나누는 방법은 청킹Chungking이다. 청킹은 한 번에 외울 수 있는 만큼씩 분해해서 전체 개수를 줄이는 기억법으로 활용한다. 전화번호는 010-1234-5678처럼 숫자 3~4개를 하나의 덩어리로 만들어서 세 개의 덩어리로 구성된다. 주소를 시·군·구, 도로명, 번호로 나눈 이유도 쉽게 기억하기 위해서다.

목표도 같은 방법으로 나눈다. 큰 목표를 시간순으로 나누거나 작업 단위로 나눈다. 작업 단위는 작은 목표로 연결되고, 작은 목표는 큰 목표로 이어진다. 기업에서는 간트 차트나 일정표를 이용해서 작업 단위를 나누고 각 작업에 소요되는 시간을 예상해서 최종 목표를 달성하기까지 일련의 과정을 하나의 선으로 잇는다.

심리학자 알버트 반두라는 수학 수업을 듣는 학생을 대상으로 목표를 나누는 실험을 했다. 실험에 참여한 학생을 청킹 그룹과 대조 그룹으로 나누고 모든 학생에게 42쪽 분량의 책을 나눠주었다. 책은 7개의 단원으로 구성되었고 250여 개의 뺄셈 문제가 있었다. 단원 하나는 6쪽 분량이었다.

청킹 그룹에는 6쪽 분량의 한 단원을 30분 안에 풀도록 지시했다. 이들에게는 목표도 제시했다. 쉬운 문제와 어려운 문제를 나누고 쉬운 문제부터 푸는 게 학생들에게 제시한 목표다. 대조 그룹에도 쉬운 문제와 어려운 문제를 나누고 쉬운 문제부터 풀라고 했다. 하지만 단원별로 시간을 제한하지 않았다. 실험 결과, 청킹 그룹이 수학 문제를 더 많이 풀었고 정답 수도 많았다. 이뿐만 아니라 청킹 그룹의 학생은 수학 과목이 더 흥미로워졌다고 했다. 문제를 더 많이 풀었고 정답을 많이 맞혀서 수학 과목에 대한 자신감이 생겼기 때문이다. 이와 반대로 대조 그룹은 수학이 흥미롭지 않다고 대답했다.[6]

한두 시간 안에 끝나는 일이 아닌 이상, 거의 모든 목표는 매일 꾸준히 실천해야 달성한다. 금연, 다이어트, 공부는 며칠 사이에 원하는 상태로 만들 수 있는 목표가 아니다. 당장 오늘부터 담배를 끊겠다, 하루에 3시간씩 운동하겠다, 밤잠을 줄이고 공부하겠다는 목표는 작심해도 사흘 만에 무너진다. 삼일을 넘기고 며칠 더 유지하더라도 목표를 달성하기는 어렵다.

반면, 목표를 조금 다르게 정하면 달성할 확률은 높아진다. 이번 주에는 담배 피우는 횟수를 절반으로 줄이겠다, 하루에 1시간 달리기와 계단 이용하기, 하루에 3과목씩 문제집 5쪽 풀고 오답 노트 쓰기를 목표로 정하면 적어도 일주일 동안 노력을 유지할 것이다. 일주일 동안 실천하고 성과가 있다면, 성취감을 느끼고 다음 일주일 동안 실천할 목표를 정한다. 만약, 성과가 저조해도 목표를 수정해서 이어갈 수 있다.

'일주일 동안 매일 무엇을 어떻게 하겠다'라는 목표를 정하고 하나씩 달성하면, 6개월, 1년 이상 걸리는 목표뿐만 아니라 평생 달성할 목표에 도전할 용기가 생긴다.

뉴욕주립대학 밥 보이스 교수는 동료 교수가 연구논문을 쓰는 과정을 관찰한 결과, '매일 꾸준히' 실천하는 것이 적은 시간을 들이고 괄목할만한 성과를 만든다는 사실을 찾아냈다. 밥 보이스 교수는 동료 교수 여러 명의 집필 습관을 연구한 결과, '매일 한 장씩' 쓴 교수가 양질의 논문을 완성했다.

일부 교수는 일명 '벼락치기'로 짧은 기간에 논문을 쓰는 데 집중했다. 이렇게 쓴 논문은 문장이 막히는 경우가 잦았다. 매일 일정한 분량을 쓴 교수는 아이디어가 더 자주 떠올랐다. 아이디어를 발전시켜서 연구했다. 그리고 결과를 만들어냈다.

이 결과를 반영해서 완성도 높은 논문을 썼다. 논문을 작성하는 시간도 매일 일정한 분량을 쓰는 교수가 짧은 기간에 벼락치기로 논문을 쓰는 교수와 비교해서 3분의 1 정도로 적었다. 결과적으로 더 적은 시간을 들이고 완성도 높은 논문을 썼다.[7]

논문처럼 긴 글을 쓸 때는 몰아서 쓰기보다 중간에 쉬어가며 쓰는 편이 낫다. 쉬는 동안 새로운 아이디어가 떠오른다. 새로운 아이디어를 소재로 삼아서 사고의 범위를 넓히고 글쓰기를 이어가면 내용이 더 풍부해진다.

논문을 완성하는 것은 장기 목표다. 장기 목표를 빨리 달성하기 위해서 쉬지 않고 글을 쓰면 오히려 효율은 떨어진다. 달성하는 데 오랜 기간이 필요한 일은 한꺼번에 몰아서 하기보다 집중과 휴식을 반복하면서 완급을 조절해야 질적으로 양적으로 더 나은 결과를 만든다.

크고 대담하고 도전적인 목표는 달성하기까지 오랜 시간이 걸려서 다양한 개념의 목표 달성 방법론이 적용된다. 기본이 되는 방법론은 청킹과 인터리빙Interleaving 두 가지다.

첫째, 청킹은 목표를 작게 나눠서 실천하는 것이다. 시간을 기준으로 달성률을 정하고 작업 단위로 나눈다. 1년 안에 달성해야 하는 목표는 6개월, 3개월, 1개월, 1주일, 하루 단위로 나눈다.

목표 달성에 관해서 연구하는 심리학자는 장기 목표와 단기 목표 사이에 연결을 강조한다. 작게 나눈 목표를 모두 달성해서 장기 목표를 달성하는 형태가 가장 이상적이다.

목표 달성은 아주 큰 그림 퍼즐을 맞추는 것과 같다. 하루 동안 맞출 범위를 정하고 꾸준히 그림을 맞추면 퍼즐을 완성한다.

목표 달성은 큰 그림 퍼즐 맞추기다

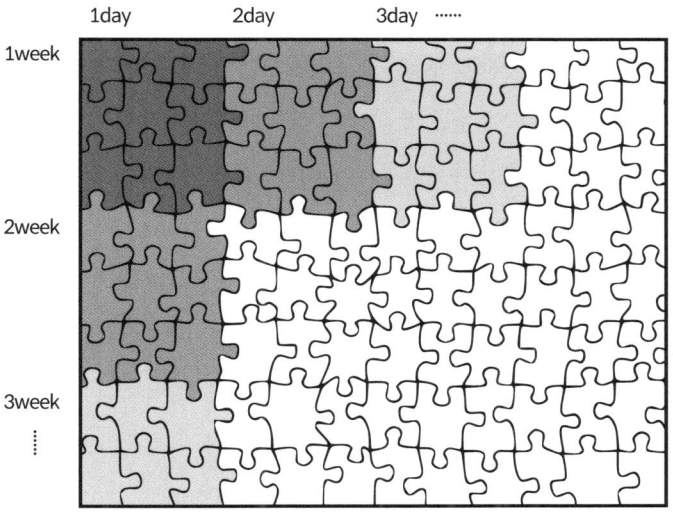

둘째, 인터리빙^{Interleaving}은 속도와 강도가 다른 활동^{목표를 향하는 복수의 작은 목표}을 번갈아 실천하는 것이다. 운동선수의 훈련을 도와주는 트레이너는 이런 방식을 인터벌 트레이닝이라고 한다. 운동선수는 지구력 운동^{유산소 운동}과 근력 운동을 번갈아 한다. 지구력 운동을 하는 동안 근력 운동에 사용한 근육이 회복할 시간을 주고, 근력 운동을 하는 동안 지구력 운동을 하면서 사용한 근육이 회복할 시간을 준다. 한 가지 운동을 반복하면 특정한 근육에 무리를 주기 때문에 여러 가지 운동을 번갈아 한다. 이런 훈련 방법은 효율

과 효과를 동시에 높인다.

목표를 달성하는 과정에 인터리빙을 적용하여 두 가지 이상의 작은 목표를 달성하는 활동을 번갈아 한다. 매일 반복해서 꾸준히 해야 하는 일은 온종일 매달린다고 해서 능률이 오르지 않는다. 창의적인 일, 단순·반복적인 일도 마찬가지다. 어느 정도 시간이 지나면 몰입도가 떨어진다. 더는 진도가 안 나간다는 기분이 든다. 이럴 때, 휴식을 취하거나 다른 활동을 하면서 다시 에너지를 끌어올린다. 노력한다고 해서 집중력이 높은 상태로 장시간 유지되지 않는다. 어떤 일이든지 잘되다가 안 되기를 반복한다. 잘 될 때는 집중하고 안 될 때는 다른 일을 한다. 이렇게 몇 가지 활동을 번갈아 하는 게 노력을 지속하는 방법이다. 크고 대담하고 도전적인 목표를 달성하려면 당장 실천해야 하는 작은 목표를 하나씩, 꾸준히 달성해야 한다.

목표에는 반감기가 있다

 반감기는 어떤 양의 초깃값이 절반이 되는 데 걸리는 시간이다. 원래 개념은 방사성 물질이 처음의 반으로 줄어드는 시간이다. 이 용어는 주로 핵물리학에서 사용한다. 지질학, 고고학에서 지질 연대나 유물·유구의 시기를 측정하는 목적으로도 이용한다.

 기억의 반감기는 얼마나 될까? 독일의 심리학자 에빙하우스는 기억의 망각 연구를 통해서 기억이 사라지는 시간을 찾아냈다. 학습 후 10분 후부터 망각이 시작된다. 하루만 지나도 기억은 70퍼센트 이상 사라진다. 어제 열 개를 기억했다면 오늘 세 개만 기억에 남는다. 한 달이 지나면 80퍼센트가 기억에서 사라진다. 설마 이렇게 빨리 망각이 시작될까 싶기도 한데 생각해보면 에빙하우스의 연구 결과는 사실이다. 우체국에서 전화번호, 주소를 외워서 쓰려고 하는데 방금 봤던 전화번호와 주소가 앞에 몇 글자만 생각난다. 이런 경험을 떠올리면 기억이 얼마나 빠르게 사라지는지 실감할 것이다.

에빙하우스 망각곡선에 따르면 기억의 절반이 사라지는 시간, 즉 기억의 반감기는 1시간 정도다. 사람에 따라, 중요한 정도에 따라 몇 시간 더 기억할 수도 있다. 하지만 시간이 지날수록 기억은 희미해진다.

목표에 관한 기억도 에빙하우스 망각곡선에 따라서 시간이 지나면 기억에서 사라진다. 목표를 종이에 쓰라고 권하는 이유가 여기에 있다. 아침에 할 일 목록을 쓰는 사람과 쓰지 않은 사람 중에서 할 일을 제시간에 양적으로 질적으로 완성도 높게 끝내는 사람은 할 일 목록을 종이에 쓴 사람이다. 종이에 할 일 목록을 써도 망각곡선에 따라 한 시간 쯤 지나면 잊어버린다. 하지만 종이에 써서 잘 보이는 곳에 붙여두면 할 일을 잊어버려서 못하는 최악의 상황은 막을 수 있다.

목표는 미래에 관한 기억이다. 할 일 목록, 계획, 최종 목표에 이르는 로드맵 등은 모두 미래 시점이다. 인지심리학에서 미래에 할 일, 즉 목표에 관한 기억을 '미래 기억Prospective memory'이라고 한다. 미래 기억이라는 용어가 생소하다. 기억의 시점은 과거이기 때문이다. 미래 기억은 과거 경험에 의한 기억이 아니라 '기억해야 한다는 사실'을 기억하는 것이다. 내일 열리는 회의 시간과 주제, 다음 주 수업 시간을 기억하는 것이 미래 기억이다.

미래 기억은 사건에 기초한 기억Event-based memory과 시간에 기초한 기억Time-based memory으로 나눈다.[8]

사건에 기초한 기억과 시간에 기초한 기억의 차이는 기억하는 대상에 있다. 할 일, 작업 단위로 생각한다면 사건에 기초한 기억이다. 식사 직후 약을 먹는 것은 사건에 기초한 기억이다. 시간에 기초한 기억은 정해진 시간에 맞춰서 할 일을 생각하는 것이다. 저녁 7시에 시작하는 강연에 참석하는 것이 시간에 기초한 기억이다. 인지심리학자들은 시간보다 사건에 기초한 기억을 더 오래 그리고 확실하게 기억한다는 사실을 발견했다.

계획은 시간을 기준으로 만드는 것보다 할 일과 사건을 기준으로 만들어야 목표를 달성할 확률이 더 높아진다. 예를 들어, 지금은 2월 말이고 12월 초까지 기획안과 목업mock-up 샘플을 완성하는 게 목표다. 기획안을 완성하는 데 5개월, 목업 샘플을 만드는 데 2개월, 테스트하는 데 2개월이 소요된다면 "여름휴가 전까지 기획안 완성" "추석 연휴 전까지 목업 샘플 완료" "추석 이후 테스트 및 보완"이라고 계획한다. 기획안을 만드는 과정과 목업 제작 및 테스트 과정을 더 세분화한다. 세분화한 과정을 계획할 때는 대표성을 띤 날짜 또는 사건과 묶어야 더 오래, 확실하게 기억한다.

목표, 계획, 할 일은 계속 생각하지 않으면 기억에서 사라진다. 작은 목표를 달성하려고 만든 계획은 큰일이 아니어서 쉽게 잊어버린다. 어떤 사건 혹은 대표성을 띤 날짜와 묶으려고 해도 그런 날이 불규칙적이다. 이럴 때, 일주일에 하루, 요일을 정해서 목표에 관해서 생각하는 시간을 갖는다. 이렇게 하면 할 일을 까맣게 잊어버리지 않는다.

일주일 동안 달성해야 하는 목표를 정하는 날은 머릿속에 목표에 대한 생각으로 가득하다. 당장 목표를 이룰 수 있을 것처럼 에너지가 넘친다. 이날 목표에 대한 생각을 100이라고 했을 때, 다음날 목표에 대한 생각은 절반 정도로 줄어든다. 삼 일째 되는 날, 바쁜 일이 생기고 저녁에 예상에 없는 약속까지 생긴다. 예상하지 못했던 일과 과제가 생긴다. 저녁에 집에서도 할 일이 있다. 불과 삼 일 전에 야심 차게 정한 목표는 생각할 겨를이 없다.

삼사일쯤 지나면 목표에 관한 생각은 20~30으로 떨어진다. 작심삼일의 고비는 이렇게 찾아온다. 불과 며칠 지났는데 목표에 관한 생각은 목표를 세울 때와 비교해서 3분의 1 정도만 남았다.

급하게 처리할 일이 자꾸만 생긴다. 목표 달성에 쓸 에너지는 바닥났고 끌어올리기엔 이미 늦었다는 생각에 목표는 마음속에 간직하기로 한다.

이런 상황을 피하는 방법은 목표에 대해서 자주, 정기적으로 생각하는 습관을 들이는 것이다. '월요일마다 목표 생각하기' '일요일 저녁에 목표를 다이어리에 적기'를 실천하면 처음 목표를 정하던 날만큼은 아니라도 목표에 관한 생각이 기억에서 사라지지 않는다. 목표를 자주 떠올리면 동기가 부여되고 실천 의지는 강해진다.

목표를 정확하게 기억하려면 자주, 많이 생각해야 한다. 목표, 할 일 목록을 포스트잇에 써서 잘 보이는 곳에 붙여두면 최소한 할 일을 잊지는 않는다. 목표를 구체적으로 정하라고 하는 이유도 기억에 오래 남기기 위해서다. 자기 머리에만 있는 추상적인 목표는 기억에 남지 않고 동기부여도 되지 않는다. 500자리 숫자를 한 번 듣고 정확히 외워서 기네스북 기억력 부문에 오른 에란 카츠는 기억력의 비결을 '강력한 동기부여'라고 했다. 그는 아무 소용없는 것을 기억하는 것보다 쓸모가 있는, 유용한 것을 기억할 때 노력한다고 했다.

영어 단어를 외울 때도 눈에 보이는 것을 나타내는 구체적인 단어는 금방 외운다. Banana, Tomato처럼 실체가 있는 단어는 기억하기 쉽다. 반면 Scarcity, Abundance처럼 의미가 추상적인 단어는 좀처럼 외워지지 않는다. 추상적인 의미의 단어가 머리에 정착되기 어려운 이유는 그 단어를 구체화하기 어렵고 동기가 부족해서다.'

추상적이고 막연한 목표는 자주 봐도 기억에 남지 않는다. 추상적인 의미의 단어를 외우기 어려운 것과 같다. 기억하지 못하는 목표가 동기부여를 하지 못하는 건 당연하다.

"나중에 잘 살려면 열심히 공부해야 한다"를 목표로 정했다면, 이 목표는 동기를 부여하지 못한다. 목표가 추상적이어서 계획을 세우고 실천하는 과정을 예상할 수 없다. '나중에'를 정확한 기간으로 바꾸고 '잘 살려면'을 왜, 무엇을, 어떻게 해야 하는지 생각해야 한다. 당장 할 일과 3개월, 6개월, 1년 안에 어떤 노력을 해야 하는지 생각하면 구체적인 계획을 세울 수 있다. 다시 말해서, 목표가 눈에 보이면 계획, 실천, 동기부여가 더 수월하다.

구체적으로 정한 목표를 자주 생각할수록 동기는 강해진다. 그 결과, 달성할 가능성은 커진다. 자동차 판매왕, 보험 판매왕이 성공한 이야기를 들으면 고객 이름, 전화번호는 기본이고 생일, 가족관계, 좋아하는 색, 즐겨 마시는 음료까지 기억한다. 그들은 고객 정보를 많이 기억한 것을 성공의 비결이라고 말한다.

이들의 성공담을 듣는 사람도 고객과 관련된 여러 가지 정보를 기억해서 성공했다고 믿는다. 고객 정보를 많이 알면 영업에 도움이 된다. 이런 정보는 기억해야 하는 동기가 확실하다. 이들이 고객의 정보를 많이 기억할 수 있었던 이유는 고객 정보를 반복해서 보고 늘 고객을 생각했기 때문이다. 자신을 기억에 남기려고 고객에게 자주 연락하고 이야기하는 과정에서 고객 정보가 각인된 것이다. 연극배우가 자기가 맡은 배역의 대사를 기억하는 것, 웨이터가 주문 내용을 기억하는 것, 한의사가 약초 이름을 기억하는 것은 모두 동기부여가 확실하기 때문이다.[10]

콜롬비아대학 연구진은 세일즈맨이 일하는 시간을 관찰한 결과 세일즈와 직접 관련 있는 일을 하는 시간은 하루에 1시간~1시간 30분 정도라는 것을 알아냈다. 이들은 오전 11시부터 고객과 통화를 한다. 여러 명의 고객과 연락하며 일과를 보내고 통화는 오후 3시 30분쯤 끝난다. 나머지 시간에는 동료와 차를 마시며 이야기하고 신문을 읽으면서 업무와 관련 없는 활동을 한다. 때로는 고객 정보를 수첩에 옮겨 적고 컴퓨터에 입력한다. 고객 정보를 정리하는 시간이 그리 길지 않다. 고객과 통화하고 고객 정보를 업데이트하는 시간을 모두 합하면 1시간 30분 정도에 불과하지만, 동료와 차를 마시며 이야기하는 동안에도 머릿속은 고객 생각으로 가득하다.[11]

심리학자 리처드 칼슨은 여러 사람과 상담하면서 목표를 생각하는 시간과 목표를 달성하는 확률이 밀접하게 관련이 있다는 사실을 확인했다. 돈을 버는 시간에 대해 날마다 1시간씩 생각한 사람은 2년 후에 재산이 눈에 띄게 늘었다. 우리나라에 부자학을 도입하고 실제로 부자가 되는 방법을 책으로 펴낸 한동철 교수는 부자가 부자로 사는 이유를 다음과 같이 말했다.

"부자들은 하루 24시간 중, 눈을 뜨고 있는 17시간 정도를 부자가 되겠다는 '부자의 관점'에서 생활한다. 하지만 보통 사람은 1시간 정도만 그렇게 한다."

목표를 달성한 사례를 보면, 목표를 한순간도 잊지 않았다는 이야기가 자주 나온다. 목표를 자주 생각하면 목표 달성에 도움이 되는 아이디어가 떠오른다. 아이디어를 발전시키면 효율적인 방법, 구체적인 계획이 만들어진다. 목표를 작게 나누고 계획을 구체화하면 당장 할 일을 알 수 있다. 그리고 그 일을 즉시 실행해서 결과를 만든다. 이것이 목표를 자주 생각했을 때 일어나는 일이다. 일주일마다 목표를 생각해서 할 일을 잊지 않는 게 중요하다. 목표를 달성하는 방법은 한동철 교수가 말한 부자가 부자로 사는 이유와 같다. 계획대로 목표 달성에 필요한 일을 매일, 꾸준히 실천한다. 목표를 달성하는 사람은 정신없이 바쁜 하루를 사는 동안에도 궁극적으로 이루고 싶은 목표를 생각한다.

작심삼일 두 번이면 일주일이 지난다

오래전부터 알고 지내는 동료는 탁상달력에 업무와 관련된 일을 거의 모두 기록한다. 그의 책상에는 업무 관련 정보를 모두 적은 탁상달력이 있다. 외부 강의가 있는 날에는 강의 시간, 장소, 주제, 수강 인원, 주관사의 교육 방향, 교안 집필 마감일까지 깨알 같은 크기로 강의 관련 정보를 적는다. 일주일에 3일쯤 강의가 잡혀 있는 주에는 탁상달력에 인쇄된 기념일·절기 이름이 보이지 않을 정도로 메모가 빼곡하게 적혀있다.

할 일과 마감일을 빼곡히 적고 수시로 들여다보는 동료 강사는 늘 바쁘다. 급하지 않은 날이 거의 없다. 그가 일하는 모습을 보고 있으면 할 일 목록을 종이에 쓰고 목표를 잘 보이는 곳에 두고 자주 보면 시간을 효율적으로 쓸 수 있다는 시간 활용 방법이 정말 효과가 있는지 의구심이 든다.

달력 놀음이라는 말이 있다. 목표가 확실하고 현실적인 계획을 탁상달력에 적어도 늘 시간에 쫓기는 사람을 보고 달력 놀음을 한다고 말한다. 계획을 세운 대로 실천하지 못하는 원인은 자기 자신에게 있다.

'이번 달까지 신규 서비스 기획안 작성 완료'
'하루 2시간 업무 관련 서적 읽고 한 페이지로 정리하기, 일주일에 세 번 이상 실천하기'
'하루 1시간 매일 운동하기, 식사량 조절하여 올해 말까지 10킬로그램 감량하기'

대부분 이렇게 목표를 정하고 달력 또는 다이어리에 적어둔다. 하지만 얼마 지나지 않아서 '내가 이런 목표를 정했나?' 싶을 정도로 기억에서 사라진다. 한 달이 지난 후에 달력을 넘기면서 지난달에 적어둔 목표가 눈에 띈다. 이 가운데 처리한 일은 지난달 말에 가까스로 제출한 신규 서비스 기획안뿐이다. 업무 관련 서적 5권을 구입했지만 제대로 읽은 책은 개론서 1권, 그것도 30여 페이지만 정독하고 이후에는 듬성듬성 봤다. 처음 이틀만 한 페이지로 정리했다. 하루에 1시간을 운동하기로 했지만 첫날 하루, 주말에 하루, 일주일 동안 이틀 운동했다. 기획안도 솔직히 새로운 내용이 아니다. 예전에 반려된 기획안에 최근 업데이트된 자료를 추가하고 요즘 트렌드에 맞춰서 몇 가지만 바꿨을 뿐이다.

한 달을 바쁘게 살았지만, 계획대로 완료한 일은 하나도 없다. 언제부터 계획대로 실천하지 않았는지 돌아본다. 계획을 세운 날, 업무 관련 서적을 읽고 운동을 했다. 그리고 다음 날은 저녁 모임이 있어서 계획대로 실천하지 못했다. 삼 일째 되는 날에는 책을 읽고 한 페이지로 정리하느라 운동하지 못했다. 그 뒤로는 책도 읽지 않았고 운동도 하지 않았다.

공교롭게도 삼 일째 되는 날부터 계획을 실천하지 못했다. 이런 경험을 몇 번 하면 작심삼일이 진리처럼 느껴진다. 작심삼일 퇴치법으로 자주 소개되는 방법은 다음과 같다.

- 목표에 기한을 정하고 '무엇을' '언제까지' '어떻게'를 자세히 정리한다.
- 목표와 계획을 종이에 쓰고 잘 보이는 곳에 붙인다. 목표를 적은 종이는 한 달에 한 번 다시 써서 붙인다.
- 목표를 큰 소리로 읽고 주변 사람에게 공개한다.
- 주기적으로 목표를 점검·수정하고 수첩이나 달력에 손으로 쓴다.

이 방법은 분명히 효과가 있다. 단, 자기 관리를 철저하게 하는 사람만 효과를 본다. 일반적으로 알고 있는 목표 설정, 계획, 실천과 점검 등은 보통 사람이 보통의 의지력으로 꾸준히 이어가기 어렵다. 불가능하다고 해도 과언은 아니다. 효과가 있다는 자기 관리 방법론은 각각 하나의 개념만 놓고 보면 충분히 실천할 수 있을 것 같다. 하지만 방법론은 하나가 아니다. 목표 정하기, 할 일 목록 쓰기, PDCA$^{\text{Plan-Do-Check-Action}}$, 루틴 만들기 등 하루 동안 지켜야 하는 실천 항목만 열 개가 넘는다.

여러 가지 방법론을 동시에 실천하는 건 누구에게나 버겁다. 이런 항목은 자신을 엄격하게 관리하는 사람만 지속해서 실천할 수 있다.

그렇다면 보통의 의지력을 가진 사람은 자기 관리에 실패할 수밖에 없는 것인가?

자기 관리에 성공하는 비결은 '꾸준한 노력'이다. '꾸준한'과 '노력' 둘 중에 방점은 '꾸준한'에 있다. '꾸준하다'라는 단어에는 고집, 불굴, 끈기, 변하지 않는 등의 의미가 들어있다. SMART 원칙에 따라 목표를 정하고 과학적인 방법론에 따라 계획을 세워도 꾸준함이 부족해서 실천을 이어가지 못한다. 목표를 달성하지 못하는 이유는 노력하지 않아서가 아니라 꾸준하지 못해서다.

노력을 꾸준히 이어가지 못하는 가장 큰 원인은 '작심삼일'이다. 삼 일째 찾아오는 고비를 넘기가 굉장히 어렵다. 작심삼일을 의지력, 습관, 루틴, 점검 등의 적극적인 방법으로 이겨내려고 하는데, 작심삼일을 극복하는 건 불가능하다. 왜냐하면, 작심삼일은 재채기나 방귀와 같은 신체 반응이기 때문이다.

정신과 의사 이시형 박사가 쓴 《공부하는 독종이 살아남는다》에 '부신피질 방어 호르몬'이 나온다. 부신피질 방어 호르몬은 노력을 이어가는 동안 우리의 몸과 정신이 고통을 견디게 해준다.[12]

결연한 의지를 다질 때마다 부신피질 방어 호르몬이 분비된다. 하기 싫은 일, 고통을 견디며 해야 하는 일을 참고 견디며 할 수 있게 도와준다. 목표를 정하고 계획을 세우면 바로 실천하고 싶어지는 것도 이 호르몬 때문이다. 부신피질 방어 호르몬은 당장이라도 목표를 달성할 수 있을 것처럼 우리 몸에 힘을 불어넣는다. 그런데 이 호르몬이 작동하는 유효기간이 72시간 정도다. 목표를 정하고 실천하기로 마음먹은 후에 72시간, 즉 3일이 지나면 부신피질 방어 호르몬이 공급한 에너지는 바닥난다. 다시 말해서, 우리 몸에 힘을 주는 호르몬이 작동하는 시간은 3일이다.

어떤 목표를 세우든지 3일이 지나면 노력을 이어가겠다는 마음이 해이해진다. 해이해지고 싶어서 그러는 게 아니라, 의지가 약해서 그러는 게 아니라 인간은 본래부터 그랬다.

목표를 달성하는 비법은 부신피질 방어 호르몬에 있다. 이 호르몬의 유효기간을 이용해서 꾸준히 노력을 이어가고 결국 목표를 이루는 것이 해답이다. 호르몬이 바닥나는 사흘째 저녁에 다음 목표를 이어서 세운다. 이것이 노력을 이어가는 비법이다. 삼일 안에 달성할 수 있는 작은 목표를 정하고 삼일에 한 번씩 계획을 점검·수정하면 작심삼일의 고비를 넘을 수 있다. 사흘째 새로운 목표를 정하면 의지력과 부신피질 방어 호르몬이 나온다.

삼일 안에 달성할 수 있는 목표를 세우면 부신피질 방어 호르몬을 효과적으로 이용할 수 있다. 목표를 달성하는 과정은 '사다리'를 오르는 것과 같다. 사다리의 첫 발판을 오르면 일주일이 시작되고 두 번째 발판을 딛으려면 삼일 안에 달성할 수 있는 목표를 두 개 정한다.

사다리는 한 번에 한 칸만 오를 수 있다. 계단은 껑충 뛰어서 두세 계단을 한 번에 오르기도 하지만 사다리를 그렇게 오르는 사람은 없다. 한 단계씩 밟고 올라가서 결국은 꼭대기, 즉 최종 목표에 오른다.

일주일은 7일이다. 삼일, 삼일, 그리고 하루를 더해서 일주일이 된다. PDCA$^{\text{Plan-Do-Check-Action}}$ 방법론에 따라서 일주일을 보내면 된다. PDCA를 두 번 반복해도 좋다.

우스이 유키는 《일주일은 금요일부터 시작하라》에서 일주일이 월요일부터 수요일까지 3일뿐이라고 생각하고 일하라고 했다. 이렇게 생각하는 이유는 일주일에 5일을 일하기 때문이다. 일반적으로 일주일 동안 할 일을 5등분 한다. 하지만 5등분 해서 계획을 세우면 그 주에 할 일을 다 마치지 못한다. 그래서 월요일부터 수요일까지 일한다고 생각하고 할 일을 3등분 하는 것이다.

주말에 휴식을 취했고 새로운 기분으로 한 주를 시작하기 때문에 월요일부터 수요일까지는 의욕이 있다. 수요일이 지나고 주 후반으로 가면 몸도 마음도 지친다. 수요일 저녁이나 목요일 아침에 새로운 목표를 정해서 부신피질 방어 호르몬을 샘솟게 만들 수도 있고, 월요일부터 수요일까지 한 일을 목요일, 금요일에 점검하고 문제점을 보완해도 좋다. 예상대로 일이 되지 않아서 늦어지면 금요일까지 완료한다.

PDCA 방법론에 따라서 일주일 동안 한 일을 점검하면 완성도를 높이면서 마감일을 앞당길 수 있다. 일주일을 이렇게 보내면 주말에는 다음 주에 할 일과 달성할 목표를 구체적으로 생각하는 시간을 갖는다.

여유가 있다면 일주일 동안 달성할 계획을 연장해서 3개월, 6개월, 1년의 계획도 생각한다. 중장기 계획을 구체적으로 세울 수 없어도 막연하게라도 생각해두어야 한다. 시간에 쫓겨서 일주일을 보내면 미래에 달성할 목표를 생각할 시간은 영원히 오지 않는다.

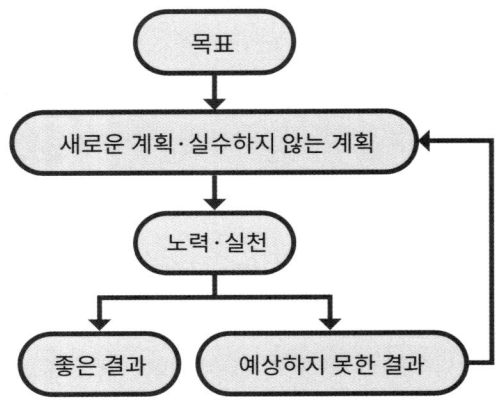

구체적인 목표와 실행 가능한 계획이 있으면 월요일부터 수요일까지 의욕적으로 노력해서 목표를 달성한다. 시간을 밀도 있게 쓰는 것도 중요하고 일주일 동안 작심삼일을 두 번 반복해서 부신피질 방어 호르몬을 이용해도 좋다. 어떤 방법을 사용하든지 상관없다. 일주일 동안 목표를 달성하는 리듬을 만들면 된다. 리듬을 타고 꾸준히 목표를 달성하면 노력을 지속할 수 있다. 이것이 목표 달성과 지속적인 노력의 선순환이다.

CHAPTER 02

일주일 안에 달성하는 목표

작은 목표를 즉시 실행하는 계획

《Eat that frog!》는 브라이언 트레이시가 쓴 책 제목이다. 우리나라에는 《개구리를 먹어라》라는 제목으로 출간되었다. '개구리를 먹어라'의 의미는 이 책의 서론에 나온다. 이 말은 처음 한 사람은 마크 트웨인이다.

"매일 아침 당신이 가장 먼저 하는 일이 살아 있는 개구리를 먹는 것이라면, 당신은 온종일 그것보다 나쁜 일은 더 이상 일어나지 않을 것이라고 스스로를 위로하면서 하루를 보낼 수 있을 것이다."[1]

매일 아침에 가장 먼저 개구리를 먹으라는 말은 하기 싫은 일을 먼저 하라는 의미다. 우리 정서대로 표현하면 '액땜'이다. 가벼운 곤란을 먼저 겪음으로써 앞으로 닥쳐올 나쁜 일을 무사히 넘기는 것이다. 많은 사람이 액땜을 미신이라고 말하면서도 믿는다. 개구리를 먹는 것은 꼭 해야 하는 일이지만 하기 싫은 일, 즉 의도적인 액땜이다. 하기 싫은 일을 제일 먼저 하지 않으면, 그 일은 뒤로 미루고 결국 하지 않을 게 분명하다. 브라이언 트레이시는 개구리를 먹는 두 가지 법칙, 즉 하기 싫은 일을 하는 법칙을 제시한다.

첫째, 두 마리 개구리를 먹어야 한다면 더 끔찍하게 생긴 개구리를 먼저 먹는다. 둘째, 살아 있는 개구리를 먹을 수밖에 없다면 공연히 앉아서 멍하니 쳐다만 보고 있지 마라.

이상이 하기 싫은 일을 하는 법칙이다. 하기 싫은 일이 여러 개라면, 가장 하기 싫은 일부터 한다. 하기 싫은 일은 즉시 실행하라는 의미다. 《개구리를 먹어라》에서 제시하는 방법은 중요한 일을 미루지 않고 실천하는 데 강력한 효과가 있다. 이 방법은 중요한 일, 하기 싫은 일을 나중으로 미루지 않게 해준다. 하지만 실제로 우리가 일과 중에 할 일은 하기 싫은 일을 미리 할 수 있는 구조가 아니다. 우리가 할 일은 대부분 차례대로 완료해야 한다. 마크 트웨인이 말한 개구리를 먹는 방법은 하기 싫은 일을 먼저 할 수 있을 때만 효과가 있다.

마크 트웨인의 말을 빌려서 브라이언 트레이시는 하기 싫은 일을 먼저 하라고 했고, 스티븐 코비는 소중한 것을 먼저 하라고 했다. 세스 고딘은 시작하는 습관을 들이라고 했다. 데이비드 앨런은 2분 안에 끝낼 수 있는 일은 즉시 시작해서 끝내라고 했다. 모두 맞는 말이다. 이들이 권하는 방법은 자기 관리 원칙에서 불변의 진리다.

그런데 막상 원칙대로 실천하면 내가 처한 상황과 맞지 않는 경우가 많다. 나는 세 가지 원칙 가운데 세스 고딘의 '시작하는 습관 들이기'부터 실천할 것을 권한다. 계획을 세울 때는 뭐든 할 수 있을 것 같지만 막상 실천하려면 몸이 말을 듣지 않는다. 이럴 때 전문가는 습관을 들이거나 루틴을 만들라고 권한다. 습관이 되면 아무런 저항 없이 몸이 움직인다. 하지만 습관을 들이기 전, 루틴을 만들기 전까지가 문제다. 좋은 습관을 들이기는 매우 어렵다. 습관을 들이기도 전에 그 행동을 실천하는 것을 포기할지도 모른다.

《세스 고딘의 시작하는 습관》에는 어떤 일을 시작하게 만드는 7가지 요소를 명시했다.

- 아이디어
- 함께 일 하는 사람들

- 조직하거나 구축할 장소
- 원자재
- 유통
- 현금
- 마케팅

이상의 7가지 요소를 효과적으로 활용하는 방법을 학문으로 발전시킨 게 경제학이다. 세스 고딘은 7가지 요소를 전부 투입해도 잘 알려지지 않은, 그러나 가장 핵심적인 한 가지가 빠지면 모든 것이 물거품이 된다고 했다. 그가 말한 핵심적인 한 가지는 '하자'라는 말이다. '하자'라고 말하지 않으면 어떤 일도 시작할 수 없다. '시작하자'라고 말하고 실천하는 사람이 없으면 목표와 계획을 아무리 잘 만들어도 효과를 내지 못한다.[2]

계획을 세우고 실천하지 못하는 사람이 대부분이다. 거창한 목표와 계획은 필요하다. 하지만 오늘 당장 할 일 목록에 적은 일을 하는 데는 아무런 도움이 안 된다. 책과 강의에서 권하는 대로 할 일 목록을 만들고 우선순위를 정했는데, 점심시간이 지날 때까지 첫 번째 적은 일을 못 하는 경우가 많다. 이유는 급하게 처리할 일이 있어서, 갑자기 생긴 약속 때문에 할 일 목록에 적은 일은 시작하지도 못했다.

계획을 세우고도 할 일을 시작하지 못한다면, 해결 방법은 간단하다. 일단 시작하면 된다. '일단 시작하라'라고 말하면 무엇을 시작하느냐고 도리어 나에게 묻는다.

내가 일을 시작하는 방법을 예로 들어 설명하겠다. 나는 새로운 상품·서비스를 기획한다. 책을 만들기 위해 주제에 맞게 차례를 정하고 원고를 쓴다. 교육 기획을 할 때는 커리큘럼과 교안을 만든다. 직접 교육할 때도 있고 강연자를 섭외하기도 한다. 나는 여러 가지 일을 하는데, 어떤 일을 하든지 공통으로 하는 일이 있다. 목록을 만들고 정리하는 일이다. 상품 기획은 머리에 떠오른 아이디어를 종이에 쓰거나 노트북 메모장, 엑셀 등의 프로그램에 정리한다. 아이디어를 수렴해서 상품·서비스의 방향을 정하고 기획안에 정리할 내용을 목록으로 만든다. 원고를 쓸 때는 차례와 단원별로 들어갈 내용을 목록으로 정리한다. 교육을 기획할 때도 대상에 맞춰서 강의할 내용을 목록으로 만든다. 나는 어떤 일을 하든지 목록을 만든다. 일을 시작할 때 으레 하는 일이 '목록 만들기'다. 사고 회로가 정지된 것처럼 아무 생각이 나지 않을 때가 있다. 이럴 때는 어제 만들어놓은 목록을 다시 적는다. 그러다 보면 사고 회로가 작동하기 시작한다. 원고를 써야 하는데 아무 생각도 나지 않으면 전날 쓴 원고를 읽는다. 전날 쓴 원고가 없으면 미리 만들어둔 차례를 보고 글감으로 쓸 키워드를 나열한다. 그러다 보면 머릿속에서 주제가 정리된다.

얼굴 세밀화로 유명한 화가 척 클로스는 "영감이 떠오를 때를 기다리지 말라"라고 했다. 좋은 아이디어는 모두 작업을 하는 과정에서 나온다. 일이 안 된다고, 시작할 기분이 아니라는 이유로 아무 일도 하지 않으면 어떤 일도 시작할 수 없다. 영감이 떠오르지 않아서 작품을 만들 수 없다고 말하는 작가가 있는데, 사실 작품 만들기를 시작하지 않아서 영감이 떠오르지 않는 것이다.

미국의 뉴 저널리즘을 이끈 작가 조안 디디온은 이렇게 말했다. "첫 문장은 대단한 문장이 아니어도 상관없다. 흠잡을 데가 많은 조잡한 문장이어도 좋다. 한 문장 한 문장을 써라. 한 문장의 마침표를 찍기 무섭게 다음 문장을 써라."

나는 이 말을 절대적으로 믿는다. 이 말은 아이디어 개발, 기획안·원고 작성을 포함해서 모든 일에 적용된다. 어떤 일을 하든지 마찬가지다. 아주 사소하고 작은 일부터 일단 시작하면 된다. 기술 분야의 제조, 인력 관리, 서비스 등 모든 일을 시작하는 방법은 할 일을 기본 단위로 쪼개고 그 일을 하는 것이다. 문제 해결 과정도 똑같다. 문제를 아주 작은 요소로 분해하고 어디가 어떻게 잘못됐는지 판단한다. 중요한 일, 급한 일, 빨리 끝낼 수 있는 일로 분류하고 우선순위에 따라 실천한다.

독일의 정신의학자 에밀 크레펠린은 "하기 싫은 일도 일단 시작하면 발동 걸린 기계가 순조롭게 작동하는 것처럼 계속하게 된다"라고 했다. 이 현상을 '작동 흥분 이론 Work Excitement Theory'이라고 한다. 목표를 정하고 계획을 세우고도 시작하지 못한다면 작동 흥분 이론을 이용한다.

인간은 일단 시작한 일을 계속하려는 성향이 있다. 두뇌는 시작한 일을 멈추는 게 더 어렵다고 판단한다. 완벽한 계획을 세우고도 시작하지 못하는 사람이 의지력을 탓하는데 시작하지 못하는 것은 의지력과 무관하다. 의지력이 부족해서 실천하지 못하는 게 아니라 시작하지 않아서 실천하지 못한다.

효율적인 일과를 보내려고 할 일 목록을 만들고 우선순위를 정해도 1순위로 정한 일을 시작도 못 하는 이유는 몸을 움직여서 그 일을 하지 않기 때문이다. 목표로 정했던 것 가운데 생각만 하고 시작도 못 한 일이 몇 개쯤인지 생각해보기 바란다. 나중에 해야지, 내일 해야지, 이렇게 생각하면서 망설이지 말고 그 일을 하기 위해서 가장 기본적인 일, 작은 일부터 시작하면서 워밍업을 한다.

시험을 볼 때는 쉬운 문제부터 푸는 게 요령이다. 잘 아는 문제, 쉬운 문제를 먼저 풀고 어려운 문제에 많은 시간을 할애한다. 할 일 목록의 1순위는 대부분 중요하고 어렵고 하기 싫고 복잡한 일이다. 개구리를 먼저 먹는 것처럼 하기 싫은 일, 어려운 일을 제일 먼저 해치우면 나머지 일은 비교적 쉽게 해낼 수 있다. 단, 하기 싫은 일을 시작해야 그 일을 끝낼 수 있다. 하기 싫은 일을 바로 시작한다면, 더할 나위 없지만 그렇지 않다면 짧은 시간에 완료할 수 있는 '작은 일'부터 시작한다. 그 일이 끝날 때쯤에는 워밍업이 된 상태이고 작동 흥분 이론에 따라 계속 일을 할 수 있는 상태가 된다.

작은 일을 하나 끝내면 할 일 목록에 완료 표시를 한다. 완료 표시를 하면 비로소 성취감을 느낀다. 성취감은 다른 일을 실천할 에너지가 된다. 여세를 몰아서 중요하고 어렵고 하기 싫고 복잡한 일을 한다. 조안 디디온이 "한 문장의 마침표를 찍기 무섭게 다음 문장을 써라."라고 말한 것처럼 바로 다음 일을 시작한다. 작은 일을 끝내고 할 일 목록에 완료 표시를 한다. 곧바로 다음 일을 시작한다.

성취감은 다음 일을 시작하는데 필요한 에너지로 치환될 뿐만 아니라 심리적인 부담을 덜어준다. 작은 일, 쉬운 일은 거의 실패하지 않기 때문에 다음에 하는 일도 잘 될 거라는 자신감이 생긴다. 일과를 시작할 때는 작은 일, 쉬운 일, 기본적인 일로 워밍업을 한 다음, 작동 흥분 이론에 따라 몸이 움직이기 시작한 후에 중요한 일, 하기 싫은 일을 한다.

현재 편향과 하이퍼볼릭 디스카운트

많은 사람이 현재의 확실한 즐거움을 위해서 미래의 불확실한 혜택^{노력의 결과}을 포기한다. 꾸준히 노력하면 분명히 좋은 결과를 만들지만, 노력을 지속하지 않는다. 나중에 더 좋은 것, 큰 기쁨을 얻는다는 보장이 있어도 지금 당장 즐거운 쪽을 선택한다.

현재의 즐거움에 더 큰 가치를 두는 건 충분히 이해가 된다. 하지만 현재의 즐거움으로 얻는 이익이 없거나 오히려 해가 된다고 해도 그쪽을 선택하는 경우는 이성적으로 이해가 안 된다. 하지만 상식이나 이성이 통하지 않는 일이 현실에서는 상당히 많이 일어난다. 만족을 얻기까지 오래 참고 기다리는 게 아니라 즉시 결과가 나타날 때, 그 결과가 깊은 울림을 주는 것과 당장은 즐겁지만 조금 지나면 잊히는 것, 둘 중 무엇을 선택할까?

행동 과학자 다니엘 리드, 조지 로벤스타인 교수 연구팀은 지적이고 깊이 있는 '교양 영화'의 영향과 현상에 관해서 연구했다. 실험에 참여한 학생을 두 그룹으로 나누고 3일 동안 저녁마다 영화를 선택해서 보도록 했다. A그룹과 B그룹에는 다른 조건을 제시했다. A그룹은 날마다 볼 영화를 선택하도록 했다. 이 그룹의 학생은 일과를 마친 후에 어떤 영화를 볼지 즉흥적으로 선택했다. B그룹은 자기가 볼 영화를 실험에 참여한 첫날 미리 선택했다. 첫날은 모두 같은 조건으로 영화를 골랐다. 하지만 B그룹은 다음 날부터 첫날 고른 영화를 봤다. 이튿날 A그룹은 즉흥적으로 영화를 선택해서 보았고 B그룹은 첫날 선택한 영화를 보았다.

이 연구는 미래의 선택을 미리 하는 것과 즉흥적으로 하는 것이 어떤 차이가 있는지 알아보기 위해서 진행되었다. 연구 결과, 두 그룹이 선택한 영화는 전혀 달랐다. 매일 즉흥적으로 영화를 선택한 A그룹에 속한 학생은 대부분 매일 오락 영화를 봤다. 반면, B그룹에 속한 학생은 첫날에만 오락 영화를 보았고 이튿날부터 보기로 한 영화는 교양 영화였다.[3]

연구진은 실험 결과와 미래를 결정하는 영향력을 연결했다. 서로 다른 결과를 '선'과 '악'으로 표현했다. 오락 영화는 악이고 교양 영화는 선의 범주에 넣었다. 햄버거와 감자튀김 등의 정크푸드를 먹고 업무 중에 인터넷 쇼핑을 하는 것도 악으로 분류했다. 건강을 위해서 먹는 닭가슴살과 샐러드, 기한 내 기획안을 완성하는 것 등은 선으로 분류했다.

오락 영화를 악, 교양 영화를 선으로 구분한 이유는 지적이고 깊이 있는 교양 영화는 보고 난 뒤에 대부분 후회하지 않고 오락 영화는 보는 동안은 재미있지만, 영화가 끝난 후에는 남는 게 별로 없기 때문이다.

오락 영화는 악, 교양 영화는 선이라는 이분법적 구분이 경솔하다는 의견도 있지만 악의 범주를 선택하는 게 당장 더 큰 즐거움을 주는 건 사실이다. 행동과학 분야에서 이것을 '현재 편향 Present bias'이라고 한다. 미래의 선택을 미리 하는 것이 목표와 계획이다. 첫날 영화를 모두 고른 B그룹 학생은 첫날 볼 영화로 오락 영화를 골랐지만, 이튿날부터 볼 영화는 울림을 주는 교양 영화를 골랐다. 오락 영화를 보는 게 당장은 즐겁지만 유익하지 않다는 걸 알고 있어서 이튿날에는 교양 영화를 보기로 계획한 것이다.

목표를 정하고 계획한 다음 실천하면 더 나은 결과를 얻을 수 있음에도 불구하고 당장 선택하라고 하면 나중에 아무것도 남지 않는, 단순히 즐거운 쪽을 선택한다. 목표를 정하고 노력하면 더 많이 얻는 것을 알면서도 노력하지 않는 쪽을 선택한다. 닭 가슴살과 샐러드를 먹고 운동을 하는 게 건강에 좋다는 걸 알지만 오늘은 정크푸드를 선택하고 소파에 누워서 스포츠 경기를 시청한다. 건강에 유익한 음식과 운동은 내일로 미룬다. 지금 절약하고 저축하면 은퇴 후에 좀 더 편안한 삶을 살 수 있지만 당장 오늘을 즐기기 위해 소비한다. 환경을 파괴하면 미래에 인류는 생존을 걱정해야 한다는 사실을 알면서도 환경오염은 계속된다.

미래에 더 편하고 안전한 생활을 위해 현재 노력하는 것은 목표·계획 외에 실행·계획·점검이 필요하다. 어떤 것은 몇 사람의 노력만으로 더 나은 미래를 약속할 수 없다. 공유지의 비극과 같은 결과가 나오는 것이 그렇다. 미래의 나와 현재의 나는 동일 인물이다. 미래의 나를 생각하면서 현재 목표를 정하고 행동을 계획한다. 그 결과는 더 나은 선택으로 이어진다. 매일 1시간 운동하기·책 읽기·공부하기처럼 꾸준한 노력이 필요한 일은 목표와 계획이 있어야 실천할 수 있다.

목표를 정하고 구체적인 계획을 세워도 노력을 이어가기는 어렵다. 목표, 계획, 동기부여, 의지 등을 확실하게 준비해도 미래의 유익함보다 현재의 즐거움·편안함을 선택하는 이유는 또 있다. 거의 모든 사람이 현재의 이득은 즉시 선택하고 미래의 이득은

참아낸다. 행동경제학자와 심리학자는 이런 현상을 '하이퍼볼릭 디스카운팅Hyperbolic discounting'이라고 한다.[4]

하이퍼볼릭 디스카운팅은 현재의 노력은 비싸고 미래의 혜택은 가치가 크지 않다고 평가해서 노력하지 않는 현상을 말한다. 쉬운 말로 하면, 계획과 목표가 있어도 실행을 뒤로 미루는 것이다. 《마시멜로 이야기》에서 소개한 것처럼 자신의 결정이 합리적이라고 생각하는 다수의 사람이 비합리적인 선택을 하는 경우가 많다. 공부, 다이어트, 저축처럼 장기간의 노력이 한참 시간이 흐른 뒤에 좋은 결과를 만들 때 비합리적인 선택을 한다. 경제학자 데이비드 레입슨은 '즉각적 만족 가설pull of instant gratification hypothesis'을 제시했다. 이 가설에 따르면 순간 혹은 현재의 만족을 위해서 근시안적 행동을 하는 것을 황금알Golden egg에 비유했다. 미래의 더 큰 이익인 황금알을 눈앞에 보이는 작은 이익Small benefit과 맞바꾸는 것이다.

많은 사람이 현재의 즐거움, 즉각적인 결과에 훨씬 더 큰 가치를 둔다. 여러 경제학자가 이 사실을 밝혀냈다. 경제학자 조지 로웬슈타인은 〈Preference reversals between joint and separate evaluations of options〉 논문에서 가까운 미래에는 상대적으로 높은 할인율에 영향을 받고 먼 미래는 상대적으로 낮은 할인율을 보인다고 했다.[5]

장기 목표보다 단기 목표에서 참을성이 없다는 연구 결과도 있다. 이것을 시간의 비일관성$^{Time\ inconsistency}$이라고 한다. 장기와 단기를 구분하는 기준은 개인마다 다르고 적용하는 할인율도 개인차가 있다. 하이퍼볼릭 디스카운트 성향이 있는 사람은 가까운 미래의 혜택에 높은 할인율을 적용하고 현재의 즐거움$^{즉시\ 나타나는\ 결과}$에 높은 가치를 둔다. 반면, 하이퍼볼릭 디스카운트 성향이 없는 사람은 현재보다 미래에 더 큰 가치를 두고 시간이 지난 뒤에 받는 혜택을 선택한다.

하이퍼볼릭 디스카운트 성향이 있는 사람이 즉시 나타나는 결과와 가까운 미래에 작은 혜택을 선택한다. 그 이유는 자기 관리$^{Self\ control}$에 약하기 때문이다. 조지 로웬슈타인은 이 현상을 그래프로 나타냈다.

이 그래프가 나온 함수식은 다음과 같다.

$\Phi(t) = (1+\alpha\ t)^{-\beta/\alpha}$

함수식은 몰라도 된다. 그래프 모양은 꼭 기억하기 바란다. 그래프의 x축은 시간t이고 y축은 시간의 함수 f(t)다. 시간(t) 축에서 1을 기준으로 가까운 미래와 먼 미래를 구분한다. 1을 기준으로 왼쪽은 가까운 미래, 오른쪽은 먼 미래다. 시간(t)이 0에 가까울수록 할인율은 매우 높다. 시간축에서 2는 가까운 미래, 3은 먼 미래다. 시간이 지날수록 할인율은 낮아진다.[6]

하이퍼볼릭 디스카운트 그래프

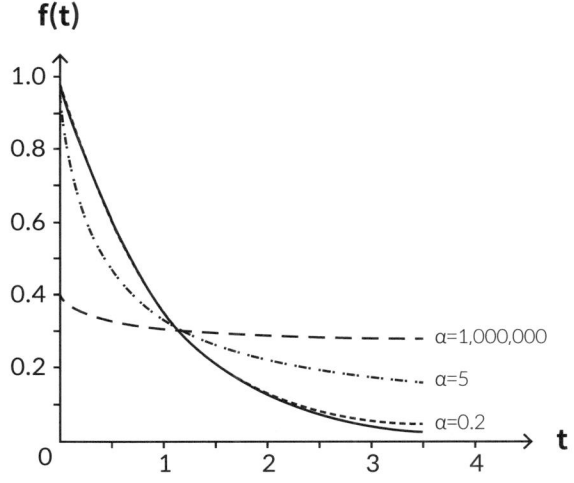

출처 : Loewenstein and Prelec(1992)

하이퍼볼릭 디스카운트를 적용해서 미래 가치를 계산할 때, 시점을 현재, 가까운 미래, 먼 미래로 나눈다. 미래에 건강한 몸^{다이어트, 운동} vs 현재의 치킨·맥주가 있다. 미래에 원하는 대학·회사 합격을 위한 노력 vs 현재의 즐거움에서 사람들은 건강한 몸과 원하는 대학·회사 합격이라는 장기 목표를 달성하지 못하고 현재의 작은 이익인 치킨·맥주, 현재의 즐거움을 선택한다.

이와 같은 사례로 하이퍼볼릭 디스카운트를 설명한다. 여기서 먼 미래와 가까운 미래로 구분하면 가까운 미래에 얻는 이익에는 더 높은 할인율을 적용한다. 결국, 다이어트, 원하는 대학·회사 합격과는 멀어진다. 이성적으로는 현재 운동하고 공부해야 한다는 걸 알면서도 현재의 작은 이익, 즐거움을 선택한다.

현재의 즐거움을 선택하는 건 인간의 본성이다. 미래의 혜택에 더 높은 할인율을 적용하는 게 잘못은 아니다. 현재의 즐거움, 작은 이익을 선택하게 만드는 이성적·합리적인 근거가 있다. 바로 카르페 디엠$^{Carpe\ diem}$이다. 카르페 디엠은 영화 '죽은 시인의 사회'를 통해서 널리 알려졌다. 에피쿠로스학파의 영향을 받은 호라티우스가 쓴 시에서 유래한 말로 "현재를 잡아라$^{seize\ the\ day}$"를 뜻한다. 에피쿠로스학파 철학에서 인생의 목표는 쾌락이다. 여기서 쾌락은 마음의 평정심, 즉 정신적 쾌락을 의미한다. 현재의 즐거움을 중요하게 생각하는 사람은 에피쿠로스학파의 쾌락주의를 따른다.

하이퍼볼릭 디스카운트 성향이 없는 사람, 즉 미래 가치를 높게 평가하는 사람은 이성에 기초하여 금욕주의를 기본 철학으로 하는 스토아학파의 영향을 받은 것이다.

현재 편향과 하이퍼볼릭 디스카운트가 목표 달성에 장애물이 되는 이유는 지금 당장 누리는 즐거움에 더 큰 가치를 두기 때문이다. 이것을 해결하는 방법은 두 가지다. 첫째, 미래의 이익에 더 큰 매력을 느끼게 만드는 장치$^{일주일에\ 한\ 번\ 보상을\ 주는\ 것}$를 만들 것, 둘째,

목표 달성을 위한 실천과 계획에 강제성을 부여하는 것이다.

현재의 즐거움 vs 미래의 큰 이익

	현재의 즐거움	미래의 큰 이익
가치 비중	낮은 할인율 적용, 큰 가치로 인식	높은 할인율 적용, 적은 가치로 인식
결과	실천하기	미루기
유래	에피쿠로스학파 쾌락주의	스토아학파 금욕주의
대표하는 말	카르페 디엠 (Carpe diem)	황금알 (Golden egg)
해결책	자기 교정 메커니즘 적용	일주일마다 보상 시스템 적용

 미래의 혜택을 위해서 현재의 즐거움을 미루는 사람, 현재의 즐거움에 더 큰 가치를 두고 현재를 즐기는 사람 모두 옳다. 선호하는 가치가 다를 뿐이다. 미래에 건강하기 위해서 운동하는 것, 미래에 더 편안한 삶을 위해서 저축하는 것, 공부하는 것을 현재의 즐거움과 맞바꾸기를 권하지는 않는다. 무언가를 반드시 해야 하거나 하지 말아야 한다는 규칙은 없다. 옳다고 생각하는 것을 선택하면 된다.

 인간은 누구나 자기 교정 메커니즘을 갖고 있다. 치킨과 맥주, 여가가 주는 현재의 즐거움을 억지로 잠재울 필요는 없다. 미래의 편안한 삶을 위해서 현재의 즐거움을 모두 포기하는 것도 옳지 않다. 의지력을 발휘해서 현재의 즐거움을 뒤로 미뤄두었다가 일주일에 한 번 자신에게 보상하는 규칙을 만든다. 자기 관리의 의무감에서 벗어나면 현재의 즐거움을 참는 동안 받는 스트레스가 어느 정도 해소된다. 일주일에 한 번만 충동에 따라 행동하는 게 보상이다. 그러면 현재 편향에 빠져서 미래의 혜택을 무시하는 오류에서 벗어난다.

일곱 칸의 목표 사다리

철학자 데카르트는 1637년에 목표를 달성하기 위해 할 일을 작게 나누는 방법을 '소시지 전략'이라는 이름으로 고안했다. 큰 덩어리의 소시지는 먹기에 불편하지만 작게 나누면 먹기 편하므로 이런 이름을 붙였다. 300여 년이 지난 지금도 소시지 전략은 효과가 있다.

이루기 어려운 목표, 짧은 기간에 완료할 수 없는 과제 등을 거대한 코끼리에 비유한다. 누군가가 눈앞에 있는 거대한 코끼리를 가리키면서 "저 코끼리를 하나도 남기지 않고 다 먹어봐."라고 하면 어떻게 대답하겠는가? "너무 커서 다 먹을 수 없다."라고 할 것이다. 우리나라에서는 코끼리 고기를 먹지 않아서 못 먹겠다 또는 요리법을 몰라서 먹을 수 없다는 대답은 적절하지 않다.

코끼리를 먹는 질문으로 돌아가겠다. 코끼리를 먹기가 어려운 이유는 너무 거대하기 때문이다. 거대한 코끼리를 한입에 들어갈 정도의 크기로 자르면 얘기는 달라진다. 시간이 걸리겠지만, 코끼리 고기가 상하지 않으면 다 먹을 수 있다. 거대한 코끼리를 먹는 방법은 "한입에 들어갈 크기로 잘라서 꾸준히 먹는 것"이다.

코끼리를 먹어본 적이 없어서 이해가 되지 않는다면, 코끼리를 사과로 바꿔서 생각하면 된다. 주먹보다 큰 사과를 한입에 전부 먹으라고 한다면 어떻게 해야 할까? 입이 대단히 큰 사람은 한입에 먹을 수 있을지도 모른다. 보통 사람은 보통 크기의 사과를 한입에 넣을 수도 없다.

이 사과를 네 조각, 여덟 조각으로 자르거나 네 번 또는 여덟 번에 나누면 한입에 한 조각씩, 네 번 또는 여덟 번에 먹을 수 있다. 목표를 달성하는 것은 사과를 먹는 것과 같다. 일생을 노력해서 이뤄야 하는 목표, 아주 원대한 목표를 하나만 정하면 그 목표가 아무리 구체적이고 분명해도 이루기 어렵다. 즉시 실천할 수 있는 단위로 목표를 나누면 하나씩 실천해서 이룰 수 있는 작은 목표가 된다.[7]

목표 설정과 계획 수립에서 중요한 것은 두 가지다. 첫째, 일을 나누는 것. 둘째, 그 일을 꾸준히 실천하는 것. 이상의 두 가지는 목표 달성이 어려운 이유이기도 하다.

UCLA 의과대학 션 영 교수는 사다리 모형을 그려서 꿈, 막연한 목표, 실현 가능한 목표를 구분했다. 그는 목표를 이루려고 노력하는 사람이 사다리 모형을 알았다면, 자신이 이미 많은 것을 해냈다는 사실을 인지하고 앞으로 나아갔을 것이라고 했다.[8]

션 영 교수는 사다리 모형을 '행동 사다리Stepladder'라고 했다.

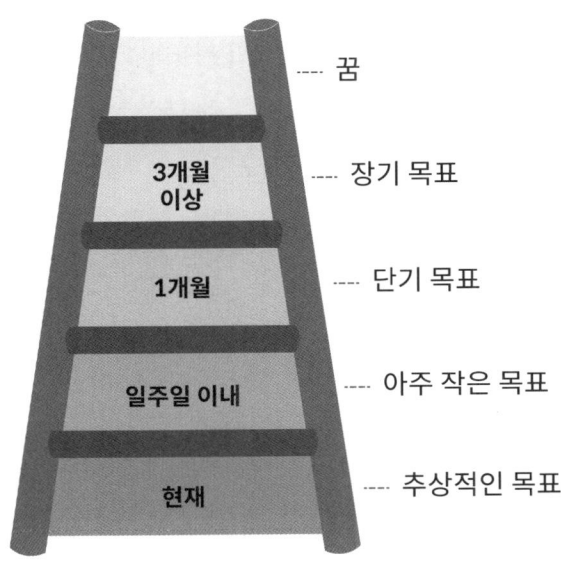

출처 : 션 영 지음, 《무조건 달라진다》

사다리 모형은 네 단계로 이루어진다. 사다리를 한 단계도 오르지 않은 상태, 아직 바닥을 딛고 있는 상태가 '현재'다. 사다리의 첫 번째 발판을 딛고 올라서는 단계는 일주일 이내에 이룰 수 있는 목표다. 두 번째 발판은 1개월 안에 이룰 수 있는 목표다. 션 영 교수는 이 단계를 단기 목표라고 했다. 세 번째 발판은 달성하는 데 3개 월 이상 시간이 걸리는 목표이며 장기 목표라고 했다. 사다리의 네 번째 발판이 마지막이다. 마지막 발판은 달성하기까지 시간을 측정하기 어려운 목표다. 이것은 '꿈'이다.

기간으로 목표를 구분할 때, 일반적으로 1년, 3년 이상 시간이 걸리는 목표를 장기 목표라고 하는데 션 영 교수는 달성하는 데 3개월 정도 시간이 걸리는 목표를 장기 목표라고 했다. 3개월이 짧은 시간은 아니지만, 단기 목표를 이루는 데 그리 긴 시간이 아니다. 장기 목표와 단기 목표를 나누는 기준을 3개월로 정한 이유는 대부분 3개월 안에 목표 달성을 위한 노력을 중단하기 때문이다.

행동 사다리는 목표와 목표를 달성하는 기간, 꿈을 철저하게 구분한다. 달성하는 데 3개월 이상 시간이 필요한 목표는 꿈으로 분류한다. 다시 말해서, 3개월 이상 노력해서 달성하려는 목표는 이루기 어렵다는 뜻이다.

행동 사다리에서 '목표'의 정의는 매우 특별하다. 션 영 교수는 목표를 '성취한 경험이 있는 것'으로 정의했다. 예를 들면, 앱 개발자가 처음으로 앱을 개발하면서 100만 다운로드를 바란다면, 이것은 목표가 아니라 꿈이다. 이전에 성취한 경험이 없기 때문이다. 목표로 정하려면 이전에 성취한 경험이 있어야 한다. 이 개발자가 수년 동안 여러 개의 앱을 개발했고 그 가운데 100만 다운로드 앱이 있다면, 100만 다운로드는 목표가 된다. 마음속으로 1,000만 다운로드를 목표로 정하더라도, 공식적인 목표는 '100만 다운로드'로 정한다.

행동 사다리에서 첫 번째 발판인 일주일 동안 달성하는 목표를 더 작게 나눈다. 목표를 나누면 실천하기가 더 수월하다. 일주일 이내 달성하는 목표, 첫 번째 발판을 오르는 과정에 3~4개의 작은 목표를 넣는다. 작은 목표 하나를 성취하는 기간은 2일 정도가 적당하다. 이틀에 하나씩 작은 목표를 2~4개 달성해서 첫 번째 발판을 오른다. 이 과정을 한 달 동안 반복해서 단기 목표, 석 달 동안 반복해서 장기 목표를 이룬다. 석 달 동안 장기 목표를 달성했다면 그동안 이룬 것, 이미 달성한 목표를 정리한다. 그런 다음 사다리에 넣을 단기 목표와 장기 목표를 정한다. 달성한 목표를 정리하는 이유는 이전에 달성한 경험이 있는 것만 목표로 정할 수 있기 때문이다.

행동 사다리에서 단기 목표와 장기 목표를 이룬 다음, 달성한 목표를 되돌아본다. 일부 목표는 수월하게 달성했고, 어떤 목표는 가까스로 달성했다. 몇 개의 목표는 달성했지만, 결과가 마음에 들지 않는다. 이전에 달성한 목표를 되돌아보면 어떤 일에는 성취감을 느끼고 어떤 일은 반성한다. '더 잘해야지' 또는 '실수를 반복하지 말아야지'라고 생각해야 동기가 부여된다. 그러면 다시 행동 사다리를 오를 힘이 생긴다.

하버드 비즈니스스쿨에서 "회고는 어떻게 성과를 향상하는가?"라는 연구를 했다. 연구진은 "회고, 즉 경험에서 얻은 교훈을 다시 생각하고, 요약하고, 이해하기 위해서 의식적으로 노력할 때 성과를 높인다."라는 결론을 얻었다.

교육자 존 듀이도 이와 비슷한 말을 남겼다.

"우리는 경험에서 배우는 게 아니라 경험에 대한 회고로부터 배운다."[9]

목표를 달성한 후 다음 다섯 가지 사항을 되돌아보기 바란다.

처음에 정한 목표를 모두 달성했는가?

목표를 달성하는 데 핵심 요인은 무엇인가?

목표 달성에 장애물은 무엇인가?

다음 목표에서 무엇을 바꿔야 하는가?

목표를 달성하고 얻은 교훈 가운데 다음 목표 달성에 도움이 되는 것은 무엇인가?

목표 달성의 시작은 첫 발판인 일주일 동안의 목표를 달성하는 것이다. 일주일 동안 단기 목표를 달성한 다음, 두 번째 발판을 오른다. 첫 번째 발판을 일주일 안에 오르는 데 필요한 것은 작은 목표다. 굳은 의지와 촘촘한 계획이 아니다. 일주일 치 할 일 목록을 적어도 좋다. 행동 사다리에서 첫 번째 발판을 일곱 단계로 나눠서 하루 또는 이틀 동안 완료할 작은 목표를 3~4개 정한다. 하루, 이틀 안에 할 수 있는 일이므로 구체적이고 즉시 시작할 수 있다.

목표가 무엇이고 왜, 어떻게 달성해야 하는지 이미 알고 있다. 당장 내일까지 달성해야 하므로 기한이 정해져 있다. 작은 목표이므로 달성 가능성도 크다. 내일이면 달성 여부를 알 수 있다. 행동 사다리 모형을 적용해서 만든 목표가 진정한 SMART 목표다.

노력을 그만두고 싶을 때,
딱 일주일만 더 노력한다

　몇 주 혹은 몇 달 동안 진행하는 장기 교육은 일주일 단위 과정을 하나씩 완성하는 형태로 구성한다. 내가 첫 직장에 입사했을 때, 공채 신입사원은 연수원에서 20일 동안 합숙하며 교육을 받았다. 3주 동안 진행하는 교육에서 1주 차에는 직장인으로서 알아야 하는 기초 지식, 2주 차에는 업무에 필요한 문서작성, 보고 스킬, 업무 시스템 사용법 등을 학습한다. 3주 차에는 조직력을 키우는 훈련과 회의, 토론, 프레젠테이션 방법을 실습하면서 지난 2주 동안 배운 내용을 강사 앞에서 보여준다. 주중에 내준 과제는 금요일에 제출했다. 당시에는 토요일 오전에 근무를 하던 시절이라서 토요일에 일주일 동안 학습한 내용을 확인하는 시험을 봤다. 3주 동안 매주 목요일에는 과제를 완료하고 금요일에는 시험을 준비하느라 새벽에 잠자리에 들었다. 3주, 짧은 기간이었지만 금요일과 토요일에 과제 제출과 시험이 연달아 있어서 과제를 마무리하는 목요일 저녁부터 토요일에 시험이 끝날 때까지 잘해야 한다는 중압감은 최고조 상태였다. 연수원에서 합숙하지 않고 출퇴근하며 교육을 받았다면 중압감 때문에 포기하는 사람이 있었을지도 모른다.

매일 다른 교육을 받지만, 주간 일정은 반복된다. 월요일부터 수요일까지 이론 수업과 실습을 한다. 목요일에는 3일 동안 학습한 내용을 강사 앞에서 시연한다. 시연을 마치면 강사는 개인별로 미비한 부분을 지도하고 과제를 내준다. 신입사원은 의욕적이어서 목요일 밤늦게까지 과제를 하느라 여념이 없다. 교육 기간에 받은 점수에 따라 원하는 부서에 배치되기 때문에 신입사원은 과제의 완성도를 높이기 위해서 노력한다. 금요일에 과제를 제출하면 강사는 목요일에 시연한 결과와 종합해서 원 포인트 레슨을 한다. 신입사원은 틀린 부분을 바로잡고 더 나은 결과를 만드는 노하우를 터득한다. 이렇게 일주일 동안 학습하고 토요일에 시험을 보면 거의 모든 신입사원이 좋은 성적을 받는다.

내가 연수원에서 받은 교육은 모든 신입사원이 회사 구성원으로서 자기가 맡은 역할을 할 수 있도록 학습하는 과정이었다. 3주 동안 진행하는 교육과정에는 주차별 목표, 일일 목표, 학습량, 과제 수준 등이 명확히 정해져 있다. 강사도 목표가 있었다. 교육생이 모든 과정에서 보통 이상의 능력을 키우도록 도와주는 게 강사의 목표다.

목표가 분명하고 목표를 달성하는 기간이 정해져 있고 목표를 달성하는 과정에 도움을 주는 사람(선생님)이 있으면, 신입사원 교육처럼 많은 사람이 목표를 달성할 것이다. 새해 첫날 정한 목표, 인생에서 달성하고 싶은 목표는 오랜 시간 노력을 이어가야 해서 도중에 포기하는 사람이 많다. 한참 시간이 지나면 그런 목표를 정했었는지 기억조차 나지 않는다. 반면, 목표 달성 기한을 한 달 또는 일주일 정도로 짧게 정하고 현실적인 계획을 세우면 노력을 이어가기가 수월하다. 목표 달성에서 중요한 것은 목표에 대해서 계속 생각하고 노력을 이어가는 것이다.

많은 사람이 목표를 달성하지 못하는 이유는 조금만 더, 며칠만 더 노력하면 목표를 달성하는데, 언제 목표를 달성할지 몰라서 또는 얼마나 더 노력해야 하는지 몰라서 그만두고 싶은 생각이 강하게 들기 때문이다. 이것은 인간의 보편적인 심리다. 심리학에 기초해서 목표를 달성하기 어려운 이유를 '목표 기울기 가설'로 설명할 수 있다.

그래프에서 A로 표시한 실선은 목표를 달성하고 싶은 심리적인 강도를 나타낸다. 이것은 목표 접근 강도다. 목표에 가까워질수록 강도가 서서히 커진다. 하지만 목표를 달성하고 싶은 강도가 급격하게 상승하지 않는다.[10]

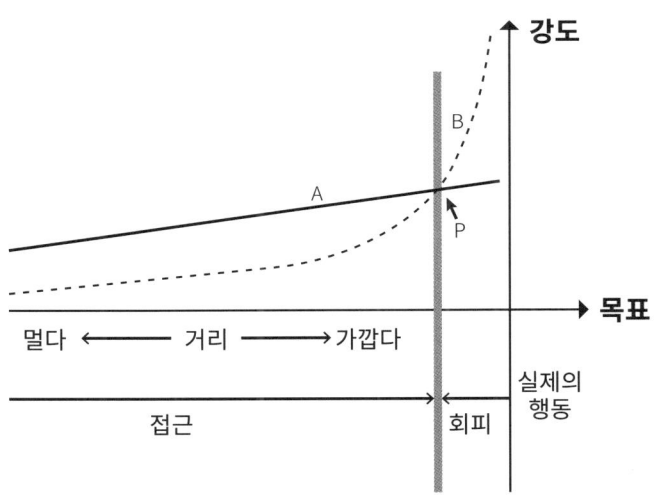

목표 기울기 가설

그래프에서 점선으로 표시한 B는 목표에서 도망가고 싶은 마음을 나타낸다. 이것은 목표 도피 강도다. 목표에 가까워질수록 강도^{기울기}가 급격하게 커진다. 목표 도피 강도가 급격하게 증가하는 지점이 심리적인 변화가 생기는 시기다. 목표를 언제 달성할지 모르겠고 얼마나 더 노력해야 하는지 알 수 없어서 더는 노력하기 어렵다고 판단하는 순간 목표에서 도망가고 싶은 마음이 든다.

목표 도피 강도가 '어느 순간'부터 갑자기 커져도, 그 힘이 목표 접근 강도보다 작으면 계속 노력한다. 하지만 목표 도피 강도가 목표 접근 강도보다 커지는 순간, 그림에서 P로 표시한 지점을 넘으면 노력의 양과 질은 급격하게 떨어진다. 목표에 접근하려는 의지보다 목표에서 도망치려는 생각이 더 강해진다. '목표를 달성할 수 있을까?' '목표를 달성하지 못하면 그다음엔 어떻게 하지?'라는 의구심과 걱정이 늘어난다. 결국, 걱정한 대로 목표를 이루지 못한다.

이 가설은 목표 접근 강도의 크기와 목표 도피 강도의 차이에 따라서 노력을 이어갈 힘이 생기고 그만두고 싶은 마음이 커지는 현상을 나타낸다.

- 목표 접근 강도 〉목표 도피 강도 = 노력 유지
- 목표 접근 강도 〈 목표 도피 강도 = 노력 포기

이 그래프에서 주의 깊게 봐야 하는 부분은 두 곡선의 기울기가 아니다. 두 곡선이 만나는 지점, P의 위치가 중요하다. P는 목표 달성 시점과 매우 가깝다. 그동안 노력한 것에 비하면 목표 달성까지 거리는 매우 짧다. 목표 달성을 목전에 두고 있는데 그만두고 싶은 마음이 드는 것이다.

　신입사원 교육을 받을 때도 금요일에 제출하는 과제와 토요일에 치르는 시험을 잘 봐야 한다는 중압감 때문에 목요일에 과제를 대충 완성하고, 될대로 되라는 식으로 포기하고 싶은 생각이 들었다. 지금 와서 생각하면, 월요일부터 수요일까지 이론과 실습을 충실하게 학습하고 목요일에 강사의 원 포인트 레슨을 받으면 시험은 어렵지 않게 통과할 수 있었다. 과제는 정답이 없었다. 자기 생각을 서론, 본론, 결론으로 써서 제출하고 그 내용을 발표한 다음 동료와 강사의 질문에 일관성 있게 논리적으로 답하면 좋은 점수를 받았다. 하지만 당시에는 과제와 시험이 일주일마다 넘어야 하는 아주 큰 고비였고 피하고 싶었다.

　목표 기울기 가설은 사랑 고백, 금주, 다이어트 등 모든 목표에 적용된다. 사랑을 고백하는 게 목표인 사람은 목표 접근 강도가 강할 때는 사랑 고백을 상대방이 받아주는 것만 생각한다. 고백하려는 순간이 다가오면, 거절하면 어떡하지? 거절당한 후에 어색한 관계가 되지 않을까? 이런저런 걱정을 한다. 그러면 목표 도피 강도가 커진다. 그림에서처럼 P점을 넘으면 고백을 포기한다. 금주가 목표일 때도 마찬가지다. 한 달 동안 술을 마시지 않기로 하면 건강이 좋아지고 돈도 절약할 것으로 예상한다. 일주일, 한 달 동안 술을 마시지 않았다. 목표 접근 강도가 서서히 상승한다.

그러다가 문득 이런 걱정을 한다. 술자리에서 사람들과 어울리지 않으면 인간관계가 나빠지지 않을까? 스트레스도 해소되지 않는 것 같은 기분이 든다. 그러면 목표 도피 강도가 커진다. P점을 넘으면 금주 목표를 포기한다.

목표를 정하고 구체적인 계획을 세워도 목표 도피 강도가 목표 접근 강도를 넘어서는 지점 P가 온다. 간트 차트, SMART 기법 등의 온갖 방법론을 다 적용해도 목표에서 도망치고 싶은 고비가 온다. 이 고비를 넘기 위해 더 구체적이고 현실적인 계획을 세우라고 권한다. 하지만 목표로부터 도망가고 싶은 마음은 보편적인 심리다.

다시 말해서, 목표를 정하고 노력하는 모든 사람에게 도망가고 싶은 순간이 찾아온다. 그 순간을 피하는 방법은 없다. 그 순간을 아무 일 없다는 듯 넘기는 비법도 없다. 도망가거나 맞서는 수밖에 없다. 목표를 달성하는 사람이 적은 이유는 목표 도피 강도가 급격하게 커지는 순간이 오면 노력을 그만두어야 하는 적당한 이유를 찾아서 자기합리화를 하고 목표로부터 도망가기 때문이다.

서부 개척 시대에 100미터 아래 금맥이 있는데 99미터까지 열심히 파다가 포기한 사람도 80미터 정도 땅을 팠을 때 목표 도피 강도가 급격하게 높아졌을 것이다. 주위에서 그만큼 팠는데 금이 나오지 않으면 금이 없는 거라고 말한다. 그러면 의욕은 사라지고 목표로부터 도망가고 싶은 생각이 든다.

그렇다면 목표를 이룬 사람은 이 고비를 어떻게 넘겼을까? 《해리 포터》를 쓴 조앤 롤링은 완성된 원고를 십여 곳의 출판사에 보냈지만 모두 출판 계약을 하지 않았다. KFC를 만든 커널 센더스는 1,008번 거절하고 1,009번째 제안한 사람과 첫 번째 계약을 했다. 조앤 롤링과 커널 센더스는 결국 목표를 달성했기에 성공한 사람이 됐다. 계약한 후에 이들이 드라마틱하게 바로 성공의 길로 들어섰을까? 그렇지 않다. 조앤 롤링과 출판 계약을 한 블룸즈버리는 《해리포터》를 내기 전까지 소규모 아동 도서 전문 출판사였다. 《해리포터》가 아이들 사이에 인기를 끌면서, 그리고 영화 제작을 결정하면서 조앤 롤링은 베스트셀러 작가가 되었고 출판사의 위상은 높아졌다.

커널 센더스의 1,009번째 제안을 받아들인 사람은 미국 서부 유타주 솔트레이크시티에서 대형 식당을 운영하던 피트 하먼이다. 그는 다른 식당과 차별화하기 위해서 남부 지역인 켄터키에서 온 커널 센더스의 조리법을 샀다. 커널 센더스의 조리법이 특별히 매력이 있었던 게 아니라 남부 지역의 친절한 이미지와 이색적인 느낌이 식당을 차별화하는 데 도움이 된다고 생각해서 계약했고 KFC 1호점이 됐다. 이후에 KFC 1호점에서 판매하는 치킨을 찾는 사람이 많아졌고 커널 센더스의 치킨이 인기 있다는 걸 알게 된 다른 음식점에서도 조리법을 구매하면서 KFC가 미국 전역으로 퍼져나갔다.

크게 성공한 사람이 아니라 목표를 달성한 사람의 면면을 보면, 목표를 향한 노력을 계속 이어갔다는 공통점이 있다. 이들에게도 목표 도피 강도가 목표 접근 강도를 넘어서는 순간이 분명히 찾아왔을 것이다. 그 순간을 어떻게 극복했을까? 목표를 향해 나아가는 것 외에는 할 수 있는 게 없었을 수도 있다. 잠시 쉬었다가 다시 목표를 향해 노력을 이어갔을 수도 있다. 여기서 핵심은 노력을 지속했다는 것이고, 궁금한 것은 "이들이 노력을 어떻게 이어 갔는가?"이다.

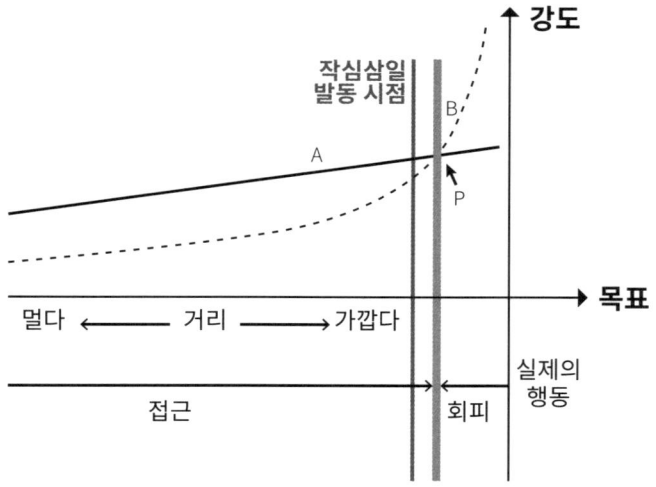

나는 그 해답을 작심삼일을 발동하는 시점에서 찾았다. 목표 접근 강도와 목표 회피 강도가 교차하는 지점은 어느 날 갑자기 오지 않는다. 처음에는 목표를 달성했을 때 얻는 이점, 장점만 보고 노력한다. 하지만 단점이 하나씩 보이기 시작한다. 목표를 달성해서 뭐 하나? 이 방법으로 목표를 달성할 수 있을까? 노력을 언제까지 지속할 수 있을까? 이런 의구심이 들면서 노력의 강도가 양적·질적으로 떨어지면 이때 작심삼일을 발동한다.

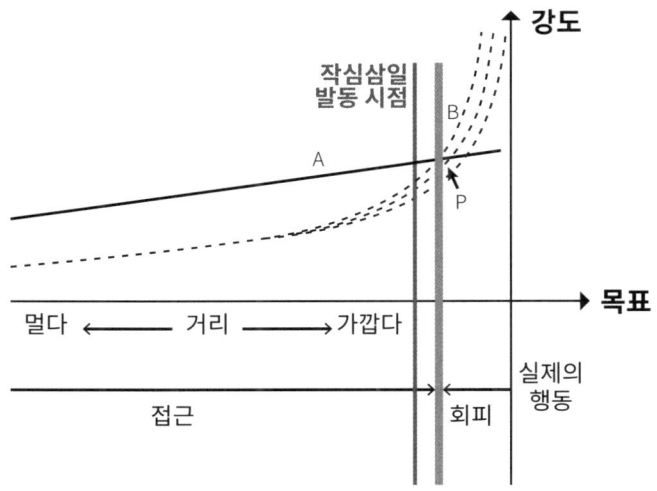

게임에 비유하면, 작심삼일은 한 번만 사용할 수 있는 매우 강력한 아이템이다. 우리는 '작심삼일'이라는 매우 강력한 아이템

을 '목표 달성'이라는 게임을 시작하자마자 사용한다. 노력을 이어갈 자신이 없을 때는 사용할 아이템이 없다. 목표를 설정한 직후에는 목표 달성 후에 얻는 장점만 생각해서 모두 열심히 노력한다. 이때는 작심삼일 아이템을 쓰지 않아도 노력을 이어간다. 따라서 작심삼일을 발동하는 시점은 그래프에서 굵은 선으로 표시한 지점, 즉 목표 접근 강도와 목표 회피 강도가 만나기 직전이다.

　작심삼일은 노력을 이어가게 해주는 비책이다. 작심삼일을 발동했는데 여전히 목표 달성에 의구심이 든다면 계획을 세우면서 했던 생각을 떠올린다. 그런 다음 일주일만 더 노력을 이어가기로 한다. 작심삼일을 작심 일주일로 늘리면 목표 회피 강도가 급격하게 상승하는 지점이 뒤로 후퇴한다. 목표 접근 강도와 교차하는 지점도 뒤로 후퇴한다. 이렇게 노력을 며칠만 더 이어가면 목표를 달성하는 지점에 도착한다.

　목표 달성을 위한 노력을 그만두고 도망가고 싶다면, 작심삼일 아이템을 사용한다. 딱 삼일만, 딱 일주일만 더 노력하겠다고 마음먹는다. 목표에서 도망가고 싶을 때가 바로 목표 달성이 얼마 남지 않는 시점이라는 것을 기억하기 바란다.

목표 달성에
도움이 되는 이론

목표를 생각하는 시간만큼 목표에 가까워진다

　나는 목표에 관해서 자주 생각한다. 목표를 의식적으로 떠올리지 않으면 기억에서 사라진다. 주변 사람에게도 목표를 자주 떠올리라고 권한다. 목표를 생각하는 방법은 간단하다. 노트, 다이어리, 메모지 등에 쓰면 목표는 기억에 각인된다. 가능하면, 한 권으로 묶인 다이어리나 노트에 쓰는 게 좋다. 언제든지 목표를 확인할 수 있고 과거에 정한 목표를 보다가 지금 하는 일과 관련이 있으면 현재 목표에 추가할 수 있다. 목표와 관련 있는 생각이 날 때마다 다이어리에 쓰기 바란다.

목표 달성과 관련 있는 아이디어, 실행 방법, 계획, 막연한 상상 등 무엇이든 좋다. 목표에 관한 여러 가지 생각과 할 일 목록, 잡생각 등을 다이어리에 쓴다. 문득 생각이 떠오르면 연관되는 내용 옆에 적어둔다.

목표를 자주 머릿속에 떠올리면 목표를 달성하는 데 정말 도움이 될까? 단언컨대, 도움이 된다. 자주 생각하면, 무의식에 목표가 '각인'된다. 도장을 새기듯이 머릿속에 목표가 영구적으로 저장된다. 뇌에 물리적인 구조가 목표를 향하는 상태로 바뀐다. 뇌신경을 연구하는 학자는 생각이 실제로 뇌의 물리적 구조를 바꾸는 현상을 '신경가소성' 또는 '뇌 가소성'이라고 한다.

사람은 살면서 셀 수 없이 많은 정보를 배우고 익힌다. 뇌는 학습과 경험을 통해서 끊임없이 신경망을 새로 만들고 연결한다. 신경망이 만들어지거나 기존의 신경망과 연결하면서 생각과 행동이 달라진다. 뇌 과학자들이 좋은 습관을 들이라고 권하는 이유는 좋은 습관이 목표 달성에 유리한 방향으로 신경망을 바꿔놓기 때문이다. 신경망이 목표를 향하면 무의식적으로 목표 달성에 도움이 되는 행동을 한다.

당장 해야 하는 일과 목표에 다가가는 과정에 관해서 자주 생각한다. 당장 결과가 나오지 않아도 궁극적인 목표와 목표를 달성하는 과정을 자주 생각해야 하는 이유는 당장 할 일에만 집중하면 '나에게 목표가 있었나'라고 할 정도로 목표를 잊어버리기 때문이다.

목표를 자주 생각하고, 목표 달성 과정에 관해서 생각하는 시간이 축적되면 신경가소성 원리에 따라 목표를 향하는 뇌세포가 활성화된다. "Use it or Lose it." 이 말처럼 자주 사용하는 뇌세포는 구조가 바뀌고 기존의 뇌세포와 더 많이 연결된다. 반면, 생각하지 않으면 목표를 기억한 뇌세포는 다른 뇌세포와 연결이 끊어지고 나중에는 사라진다.

어린이에게 목표를 물어보면, 잠시 생각한 후에 자기 목표를 말한다. 성인에게 목표를 물어보면 목표가 없다고 말하는 사람이 많다. 그 이유는 목표에 관해서 자주 생각하지 않아서 그렇다. 목표를 자주 생각하지 않으면 목표가 기억에서 사라질 뿐만 아니라 '목표'의 개념까지 잊는다. 어린이는 꿈, 장래 희망, 앞으로 하고 싶은 일을 생각할 기회가 많다. 부모, 선생님, 주변에서 꿈이 뭐냐고 묻는다. 어린이는 물음에 대답하기 위해서라도 꿈과 목표를 생각한다. 학교를 졸업하고 20대가 되면 꿈이나 목표를 묻는 사람이 별로 없다. 목표를 오랫동안 생각하지 않아서 어린 시절의 꿈, 장래 희망은 기억에서 사라진다. 직장에 다니면, 자기가 하고 싶은 것보다 당장 해야 하는 일만 생각한다. 당장 할 일에 관한 생각만으로도 머리가 복잡하다. 다른 생각을 할 겨를이 없다.

먼 미래에 이루고 싶은 꿈, 목표는 잊어도 가까운 미래에 어떤 일이 일어날지는 궁금하다. 내일 비가 올까? 내년에 연봉은 오를까? 응원하는 야구팀이 내일 경기에서 이길까? 지난달에 산 주식은 얼마나 올랐을까? 머릿속에 꿈, 목표, 희망은 사라지고 이런 생각만 남는다. 날씨, 주식, 야구 경기 등은 가까운 미래에 일어날 일이지만 내가 노력한다고 결과가 바뀌는 건 아니다. 연봉은 노력 여하에 따라 오를 수도 있지만, 현실적으로 보통의 직장에서 연봉을 대폭 인상하는 일은 흔하지 않다.

나이가 들면서 어린 시절의 꿈과 희망을 생각하지 않는 이유는 불확실한 미래가 나쁜 쪽으로 현실이 되는 경험을 자주 했기 때문이다. 경제 전문가가 말하는 '불확실성'은 목표에 관해서 생각할 여유를 빼앗는다. 인간은 누구나 확실한 것을 원한다. 결과가 불확실하면 도전을 피한다. 어린 시절에는 분명히 이룰 수 있을 것 같았던 장래 희망은 시간이 지나면서 불확실해진다. 확실한 것을 원하는 심리가 강력하게 작동해서 확실한 것만 생각한다. 확실한 것만 좇는데도 확실한 것은 점점 그 수가 줄어든다. 반면, 불확실한 것은 기하급수적으로 늘어난다. 성공한 사람은 불확실성을 받아들이고 위험을 감수하라고 조언하지만, 거의 모두가 확실한 쪽, 가능성이 큰 쪽으로 간다.

많은 사람이 간절히 바라는 것은 대부분 불확실성을 극복해야 얻을 수 있다. 노력하지 않고 이룰 수 있는 것을 간절히 바라는 사람은 없다. 무엇을 목표로 하든지 목표 달성 여부는 불확실하다. 바꿔 말하면, 불확실한 미래에 목표 달성의 기회가 있다. 불확실성을 견뎌야 성장하고 새로운 경험을 해야 전에 없던 결과를 만들 수 있다. 새로운 기회, 새로운 목표, 새로운 가능성을 현실로 만들려면 불확실성을 견뎌야 한다.

"배는 항구에 있을 때 가장 안전하다. 그러나 그것이 배가 존재하는 이유는 아니다." 미국의 교육자 존 A 쉐드가 남긴 말이다. 안전하다는 이유로 항구에 정박해 있으면 배가 아니다. 확실한 것만 고수하면서 늘 하던 일, 안전한 일, 편한 일만 하면 앞으로 나아갈 수 없다. 지금 안전한 그 일이 미래의 어느 시점에는 위험한 일이 된다.

시어도어 루스벨트는 "결정의 순간이 왔을 때 최선은 옳은 일을 하는 것이다. 차선은 틀린 일을 하는 것이다. 최악은 아무것도 하지 않는 것이다."라고 했다. 목표 달성에 가장 큰 장애물은 예상보다 저조한 결과가 아니라 아무것도 하지 않은 채로 끝나는 것이다.

위인들이 말하는 불확실성이 와닿지 않는다면, 이렇게 생각하면 된다. 새로운 목표는 모두 불확실하다. 눈앞에 보이는 확실한 것만 좇으면 절대로 목표를 달성할 수 없다. 모든 사건은 불확실한 상태에서 일어난다. 불확실한 사건 속에 기회가 있기 때문이다. 목표 달성도 새로운 결과다. 늘 하던 것, 결과가 확실한 것은 목표가 아니다.

TV 프로그램과 뉴스에 성공한 사람이 겪은 이야기가 종종 나온다. 성공담을 접한 다수의 사람은 '저들은 좋은 결과가 나올 거라고 알고 있었겠지'라고 생각한다. 성공할 거라는 믿음은 있지만, 누구도 성공을 예견할 수는 없다. 이들도 불확실한 상황에서 목표를 달성하기 직전에 포기하고 싶은 마음이 든다. 하지만 불확실한 상황에서 목표와 목표를 달성하는 방법을 계속 생각하고 좋은 아이디어가 떠오르면 실천한다.

목표를 달성한 후에도 불확실한 상황으로 들어가는 사람은 계속 정상에 머문다. 확실한 것만 추구하는 사람은 어느 순간 추락한다. 둘의 차이는 새로운 목표를 만들고 불확실한 상황 속으로 계속 전진하느냐, 확실한 쪽에서 머무느냐다. 원하는 대학, 원하는 직장, 재산 증식 등의 목표를 이룬 후에는 미래가 확실하게 보이는 것 같다. 원하는 대학과 직장에 들어가면 안정된 상태가 된다. 평생 쓰고 남을 만큼 재산을 모으면 생활이 안정된다. '안정'된 상태, 확실한 미래와 안정된 생활을 누리면 더는 목표를 생각하지 않는다.

불확실성은 계속 노력하게 만든다. 하고 싶은 일, 되고 싶은 것

등 모든 목표는 달성 여부가 불확실하다. 확실한 게 없어도 목표에 관해서 계속 생각하면 실천하게 돼서 어떤 형태로든 결과를 얻는다.

목표를 자주 생각하면 실제로 목표 달성에 도움이 된다. 뇌는 생각하는 것과 실제로 일어난 것을 명확하게 구분하지 않는다. 뇌의 많은 영역은 생각할 때와 실천할 때 거의 같은 방식으로 작동한다. 목표를 자주 생각하면 계획을 실천하기가 수월하다. 운동선수가 이미지 트레이닝을 하는 것도 같은 이유에서다. 이전에 목표 달성에 실패했다면, 목표에 대해서 자주 생각하는 것은 틀림없이 좋은 결과를 가져온다. 이전에 목표를 달성하면서 겪은 과정을 되뇌면서 '여기서 잘못했구나'라고 생각하고 다른 방법을 찾는다. 계속 생각하면 다른 방법은 더 나은 방법으로 바뀐다. 더 나은 방법은 효율을 높이고 좋은 결과를 만든다. 목표에 관한 생각을 지속해서 효과적인 방법이 쌓이면 실제로 그 방법으로 목표를 달성한다.

궁극적인 목표가
필요하지 않은 순간은 없다

 러시아의 소설가 레프 톨스토이가 쓴 《어떻게 살 것인가》는 다음 문장으로 시작한다.
 "모든 새는 항상 둥지를 어디에 틀어야 할지 알고 있다. 둥지를 어디에 어떻게 틀어야 할지 알고 있다는 것은 삶의 목적을 알고 있다는 말이다. 모든 창조물 가운데 가장 지혜롭다는 인간은 왜 새들도 알고 있는 인생의 목적을 알지 못할까?"[1]
 톨스토이는 소설가로 알려져 있는데 1800년대 후반 혼란한 러시아를 바로 세우기 위해 사상가·개혁가로 활동했다. 그를 소설가가 아니라 개혁가라고 생각하고 《어떻게 살 것인가》의 첫 문장을 다시 읽어보기 바란다. '인생의 목적'이라는 단어가 이전보다 훨씬 강한 느낌으로 다가온다.

존 F. 케네디 경영대학원 스튜어트 에머리 교수는 《Actualization》에서 목표가 분명하고 과정에 집중한다면 어떤 결정을 하든지 잘못된 결정은 없다고 했다. 그는 호놀룰루로 가는 비행기 조종실에서 관성 유도 장치$^{Inertial\ Guidance\ System,\ IGS}$를 보고 지속적으로 진로를 수정하는 모델을 고안했다. 관성 유도 장치는 도착시각 안에 목적지 활주로에 비행기를 착륙시키는 기능을 한다.

비행기가 진로에서 벗어날 때마다 방향을 바로잡는 도구가 관성 유도 장치다. 조종사는 관성 유도 장치 덕분에 "비행기의 방향 오차가 90퍼센트까지 난다고 해도 비행기는 제시간에 도착한다."라고 했다.[2]

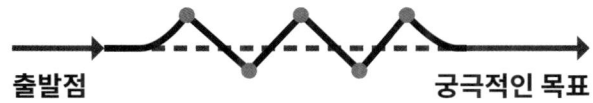

● : 단기 목표 달성 및 방향 수정

인생의 목표를 얘기할 때 대양을 항해하는 배와 나침반, 지도에 비유한다. 나침반과 지도는 배가 항구를 떠나 목적지에 안전하게 닿을 때까지 방향을 알려준다. 그 도구를 지속해서 사용해야 목적지 방향으로 이동한다. 스튜어트 에머리 교수는 결정보다 과정이 중요한 이유를 비행기의 관성 유도 장치에 비유해서 설명했다. 최종 목적지, 즉 궁극적인 목표가 있으면 일시적으로 방향을 잘못 설정해도 진행하는 중간에 현재 위치를 점검하면서 바로잡는다.

비행기의 기수는 목적지 방향을 향한다. 하지만 출발할 때부터 방향에는 오차가 생긴다. 오차를 수정하면 다시 오차가 생긴다. 그 오차를 다시 수정하면 또 오차가 생긴다. 비행기는 목적지까지 지그재그로 비행하지만 결국은 목적지에 도착한다.

궁극적인 목표는 올바른 방향을 알려준다. 주기적으로 진행 방향을 점검해야 목적지에 도착한다. 목표 달성을 위해 전진하면서 현재 위치와 방향을 수시로 확인해야 한다고 알고 있지만 실제로는 그러지 못한다. 이유는 속도 때문이다. 더 빨리 목표를 달성하려는 생각에 속도에만 신경 쓴다. 궁극적인 목표와 방향이 달라도 무조건 빨리만 가면 된다는 생각으로 속도를 올린다. 시간이 한참 지난 뒤에 궁극적인 목표와 전혀 다른 방향으로 가고 있다는 것을 깨닫는다.

모든 사람이 방향보다 속도에 집중한다. 속도를 우선시하는 경향은 1999년에 빌 게이츠가 쓴 《생각의 속도》가 출간되면서 사회

전반에 빠르게 퍼졌다. 빌 게이츠는 이 책에서 "큰 것이 작은 것을 잡아먹는 시대가 아니라 빠른 것이 느린 것을 잡아먹는 시대"라고 했다. 이때부터 사람들은 속도와 생존을 한 묶음으로 인식하게 되었다. 생존하기 위해서 속도를 선택했고 방향과 상관없이 빨리 가는 방법을 찾기 시작했다.

무조건 빠르면 좋다고 믿는 사람에게 방향의 중요성을 알려주는 탈무드 이야기가 있다. 나그네가 예루살렘을 찾아서 걸어가는 중에 마차가 지나가자 마부에게 태워달라고 부탁했다. 나그네는 예루살렘까지 얼마나 걸리는지 물었고 마부는 이 속도로 가면 30분 정도 걸린다고 대답했다. 마차에 탄 나그네는 오랫동안 걸어오느라 지쳐서 마차에서 잠이 들었다. 30분쯤 지나서 잠에서 깬 나그네는 예루살렘에 도착했냐고 물었다. 마부는 여기서 예루살렘까지는 1시간 정도 가야 한다고 대답했다.

나그네는 다시 물었다. "아까는 30분 정도 걸린다고 했고 30분이 지났는데 예루살렘이 아니라고요?"

마부는 대답했다. "이 마차는 반대 방향으로 갑니다."

속도와 방향에 대한 고민은 항상 해야 한다. 올바른 방향을 향하고 속도까지 빠르면 목적지에 일찍 도착할 것이다. 하지만 속도만 빠르고 방향이 잘못됐다면 예루살렘과 반대 방향으로 가는 마차에 탄 나그네처럼 빠른 속도로 목적지에서 멀어진다.

궁극적인 목표는 나아갈 방향을 알려주는데, 그 목표를 어떻게 설정하는가가 중요하다. 목표는 에드윈 로크의 목표 설정 이론^{Goal setting theory}에 따라서 정하는 게 가장 합리적이다. 목표 설정 이론은 개발된 지 50여 년이 지났지만, 지금까지도 유효하다.

목표 설정 이론을 한 마디로 표현하면, "의식적으로 설정한 목표가 동기와 행동에 영향을 미친다"이다. 이 이론은 인간이 합리적으로 행동하는 것을 기본 전제로 한다. 의식적으로 설정한 목표는 미래에 달성하기 위해 노력이 필요한 것이다. 목표 달성 이론에서는 행동·계획, 심리, 직업 만족도까지 고려한다. 목표 설정 이론은 개인의 목표 설정 외에도 기업과 조직의 목표 설정에도 적용한다.

목표 설정 이론의 체계를 구성하는 요소는 특징, 종류, 상황 요인, 세 가지로 구분한다.

구성 요소의 내용은 다음 표에 정리했다.

이 가운데 궁극적인 목표와 관련 있는 요소는 구체성, 자기 설정 목표, 피드백이다.

첫째, 궁극적인 목표는 구체적이어야 한다. 미래에 달성해야 하는 최종 목표도 막연하면 안 된다. '구체적'이라는 의미는 '왜 달성해야 하는지' '무엇을 어떻게 해야 하는지' 정확히 알려주는 것이다. 왜, 무엇을, 어떻게 해야 하는지 정확히 아는 것은 동기를 부여하는 자극제다. 달성하기까지 오랜 시간이 걸리는 목표는 무엇을, 왜 달성해야 하는지 구체적으로 정해야 의욕이 생긴다.

목표 설정 구성 요소

구분	요소	속성
목표의 특징	난이도	쉽게 달성할 수 있는 목표, 어렵고 도전적인 목표
	구체성	달성 기간과 노력의 양을 명확하게 제시
목표의 종류	지시 목표	목표 달성을 위해 노력하는 사람이 수용할 때만 좋은 결과를 얻음
	참여 목표	구성원 합의 하에 목표 설정
	자기 설정 목표	외부 자극 때문에 스스로 설정하는 목표 스스로 목표와 목표 수준 결정
상황 요인	피드백	성과를 높이려면 정기적인 피드백 필요
	보상	적절한 보상은 성과 향상 요인으로 작용
	복잡성	목표 달성을 위한 과정이 복잡하면 성과를 내기 어려움
	능력	적정한 목표 수준에서 능력이 계발됨 목표 수준이 너무 낮거나, 너무 높으면 능력 계발도, 좋은 성과도 기대할 수 없음
	경쟁 관계	경쟁 관계에서 목표 수용도 향상 목표를 적극적으로 수용하면 스스로 목표 결정

둘째, 스스로 설정해야 진짜 궁극적인 목표다. 평생을 두고 이루고 싶은 목표는 계기가 중요하다. 목표로 정한 이유가 분명해야 노력을 지속할 수 있다. 많은 사람이 궁극적으로 '무엇을 이루고 싶다' '무엇이 되고 싶다'라는 목표를 정하는데, 이런 목표 중에는 부모 또는 주변 사람에게 영향을 받은 경우가 많다. 궁극적인 목표를 정하는 데 영향을 주는 사람은 부모, 선생님, 역할 모델, 직장 상사, 권위 있는 사람 등이다. 이들이 궁극적인 목표를 정해준 건 아니지만 목표 설정에 어떤 형태로든 영향을 준다. 따라서 다양한 방면에서 의견을 들어야 한다. 하지만 궁극적인 목표를 설정하는 과정에는 누구의 개입도 없어야 한다. 외부 요인을 배제하고 최대한 자기 힘으로 목표를 정해야 달성하는 과정에 몰입도가 높아지고 마지막까지 동기가 부여된다. 목표 달성을 위해 노력하는 과정에 능력 향상도 꾀할 수 있다.

셋째, 궁극적인 목표를 달성하려면 피드백은 필수다. 피드백에는 목표와 관련 있는 정보가 있다. 적절한 시기에 목표에 관한 정보를 얻으면 올바른 방향으로 노력을 이어갈 수 있다. 궁극적인 목표는 달성하는 시점까지 오랜 시간이 걸리는데 꾸준히 피드백을 받기 어렵다는 점이 문제다. 적절한 시기에 피드백을 받으면 지속해서 동기가 부여된다. 그 영향으로 노력을 이어간다.

궁극적인 목표는 인생 전반에 필요하다. 예상보다 이른 시기에 궁극적인 목표를 달성했다면 목표 수준을 높여서 다시 궁극적인 목표를 정한다. 인생에서 궁극적인 목표를 달성한 후에 다른 목표를 정하지 않으면 성취감, 삶의 보람, 동기부여 그 어떤 것도 기대할 수 없다. 결국, 궁극적인 목표를 달성한 것으로 인생은 끝난다.

목표를 달성한 후에 다음 목표를 설정하지 않으면 '목표 상실 증후군' 증상이 나타난다. 이 증상은 처음부터 목표가 없었던 것보다 더 치명적인 결과를 가져온다. 아폴로 11호를 타고 인류 최초로 달에 착륙한 닐 암스트롱 다음으로 달 표면을 밟은 버즈 올드린은 지구로 돌아온 후에 신경쇠약으로 고생했다. 이 소식을 접한 많은 사람이 버즈 올드린이 신경쇠약에 걸린 이유를 궁금하게 여겼다. 신경쇠약은 누적된 피로가 신체에 영향을 주어서 나타나는 증상인데 달에서 돌아온 그는 어떤 일이든지 자기 의지대로 할 수 있었다. 각종 홍보 행사에 억지로 끌려다니긴 했지만 쉬고 싶으면 쉴 수 있었기 때문에 그에게 신경쇠약 증상이 나타날 리가 없다고 생각했다.

신경쇠약의 원인은 나중에 밝혀졌다. 그는 달에서 돌아온 후에도 인생이 남아있다는 사실을 잊고 있었다. 달 착륙이 그가 평생을 두고 이뤄야 하는 궁극적인 목표였다. 달 착륙 이후에 그에게는 목표도, 인생도 없었다. 달 착륙 목표를 달성하기 위해 숱한 나날을 누구보다 열심히 노력한 그가 최종 목표를 이룬 후에 허무함, 공허함으로 고통의 나날을 보내다가 신경쇠약에 걸린 것은 이상할 게 없었다.

인류 역사에 위대한 업적을 남긴 사람만 목표 상실 증후군 증상이 나타나는 건 아니다. 1990년대 중반 하버드대학에 입학한 한국 학생은 90여 명이었다. 당시에 하버드대학에 입학한 학생은 1,600여 명으로 이중 6퍼센트가 한국 학생이었다. 전 세계 학생이 하버드대학에 입학하는데 우리나라에 학생이 6퍼센트를 차지하는 건 상당히 많은 숫자다. 이들은 입학 기준이 되는 미국 수학능력시험[SAT] 성적과 학교 내신 성적이 매우 우수했다. 그런데 입학한 해에 낙제한 학생 가운데 우리나라 학생 비율이 무려 90퍼센트였다.[3]

입학 성적이 우수한 한국 학생 가운데 다수가 낙제한 원인이 하버드대학에서도 궁금했다. 하버드대학 교육위원회는 입학 성적이 우수한 한국 학생들이 왜 낙제했는지 분석했다. 그리고 결론을 한 문장으로 제시했다.

"Nothing! Long term life goal."

우리나라 학생이 낙제한 원인은 '장기 목표가 없었기 때문'이었다. 우리나라 학생의 최종 목표는 하버드대학 입학이었다. 하버드대학 입학은 인생에서 이뤄야 하는 여러 가지 목표 가운데 하나가 아니라 마지막 목표였다. 막 이십대가 된, 아직 어린 우리나라 학생은 하버드대학에 입학한 후에 새로운 목표를 정하지 못하고 방황하다가 낙제 성적표를 받았다.[4]

버즈 올드린이 신경쇠약에 걸린 건 50여 년 전에 있었던 일이다. 우리나라 학생이 하버드대학에 입학해서 낙제한 지도 20여 년이 지났다. 지금은 목표에 대한 생각이 많이 바뀌었을지도 모른다. 하지만 여전히 많은 고3 수험생의 최종 목표는 대학 입학이고 많은 직장인은 정년퇴직·명예퇴직 후에 새로운 목표를 정할 때까지 방황한다.

인생 전반에 걸쳐서 달성해야 하는 궁극적인 목표는 장기 목표나 단기 목표와 다르다. 궁극적인 목표는 '무엇이 되겠다' '무엇을 하겠다'처럼 구체적일 수도 있고 막연하게 행복한 삶을 사는 것일 수도 있다.

인생 전반에 걸쳐서 이루고 싶은 목표가 있다는 게 중요하다. 궁극적인 목표가 있는 사람은 노력을 지속하고 상황을 적절히 이용해서 성공 확률을 높인다. 궁극적인 목표가 있다고 모두 성공하는 건 아니다. 하지만 인생을 걸고 성취하고 싶은 목표가 없는 사람은 절대로 성공할 수 없다. 목적지 없이 배회하는 사람이 목적지에 도착하는 일은 일어나지 않기 때문이다.

모든 사람이 목표를
빨리 달성하려고 한다

 목표를 이루기 위해서 투입하는 자원은 노력의 양과 질, 자본, 시간이다. 사람은 누구나 원하는 것을 빨리 얻으려고 한다. 목표를 빨리 이루고 싶은 마음에 하나 더 보태자면, '적은 노력'이다. 적은 노력으로 빨리 원하는 것을 얻으려고 한다. 돈이 많은 사람은 작업 효율을 높이는 비법, 도구 등을 갖춰서 노력하는 시간을 줄인다. 때로는 돈으로 노력을 산다.

 모든 분야에서 '최연소'가 화제가 되는 이유는 어린 나이에 목표를 달성했기 때문이다. 목표 달성을 시간 관점으로 보는 것이다.

노력, 자본, 시간 가운데 공평하게 주어진 것은 시간뿐이다. 사람마다 사용할 수 있는 노력의 양과 질, 자본은 다르지만, 시간은 모든 사람에게 똑같이 주어진다.

성공, 즉 목표를 달성하는 데 필요한 노력의 양을 시간으로 밝혀낸 '1만 시간의 법칙'이 빠른 속도로 많은 사람에게 퍼져나갔다. 1만 시간은 세계적인 수준으로 성장하는 데 필요한 시간이다.

1만 시간의 법칙이 틀렸다는 주장도 있다. 미국의 저널리스트 데이비드 앱스타인은 《늦깎이 천재들의 비밀》에서 한 분야에서 1만 시간 동안 노력하는 게 아니라 다양한 경험을 한 뒤에 뒤늦게 전문 분야를 찾아서 비교적 짧은 기간에 목표를 달성한 사람을 사례로 들었다. 그는 다양한 경험을 하는 샘플링 기간을 거친 후에 전문 분야를 특성화하는 편이 1만 시간의 법칙에서 제시한 사례보다 미래 시점에 목표를 달성하는 데 더 타당하다고 주장했다.

한 분야를 정해서 10년 동안 노력한 후에 그 분야가 자기와 맞지 않는다는 걸 뒤늦게 깨달을 수도 있다. 데이비드 앱스타인의 주장도 일리가 있다. 하지만 그의 주장에 따르더라도 샘플링 기간을 거쳐야 한다. 샘플링 기간까지 고려하면 목표를 달성하는 데는 상당한 시간이 필요하다.

목표를 이루는 공식에서 노력과 시간은 핵심 변수다. 노력을 늘리고 시간은 단축하는 게 관건이다. 하루라도 빨리 목표를 달성하기 위해서 노력과 시간을 배분한다. 계획을 세우고 효율을 높이는 방법을 찾는다. 오랜 기간 노력을 이어가는 게 어려우므로 목표를 달성하기까지 시간을 줄이려고 조금이라도 효율이 높은 방법을 찾는다.

시간 효율을 높이면 3시간 걸리는 일을 1시간에 끝낼 수 있다. 그러려면 집중력, 숙련도, 환경 등 외부 요인을 갖춰야 한다. 바꿔 말하면, 외부 요인을 갖추는 이유는 노력하는 시간을 단축하기 위해서다. 시간은 모든 사람에게 공평하게 주어지고 가만히 있으면 흘러가 버린다. 1만 시간의 법칙, 늦깎이 천재의 비밀, 어떤 방법을 따르든지 목표를 달성하는 시간을 줄이려면 시간 효율을 높여야 한다.

시간 효율을 높이는 방법을 일반적으로 '시간 관리'라고 한다. 하지만 시간을 관리하는 것은 불가능하다. 시간은 잘 관리해도 24시간이 48시간으로 늘지 않는다. 잘못 관리해도 12시간으로 줄지 않는다.

시간은 관리할 수 없어서 '시간 관리'라는 말은 애초부터 잘못됐다. 주어진 시간을 효율적으로, 효과적으로 쓰는 방법을 실천하는 게 목표를 더 빨리 달성하는 비법이다.

자기관리를 통해서 시간 효율을 높이는 방법 세 가지와 일반적인 시간 관리에서 간과한 두 가지를 제시한다.

첫째, 80/20 법칙

둘째, 마감 효과

셋째, 우선순위

첫째, 시간 효율을 높이는 방법은 80/20 법칙이다. 시간 관리에 적용하는 80/20 법칙은 할 일 목록에서 20퍼센트를 차지하는 일이 80퍼센트의 가치가 있다는 의미다. 때로는 90퍼센트의 가치를 갖는 일이 목록에서 10퍼센트를 차지하기도 한다. 할 일을 10개 적었다면 우선순위가 가장 높은 일이 나머지 아홉 개의 일보다 가치가 클 수 있다. 할 일 목록에서 우선순위가 가장 높은 일 하나만 완료해도 시간을 가치 있게 썼다고 말하는 이유가 여기에 있다. 할 일 목록에서 20퍼센트를 차지하는 가치 있는 일에 무엇을 넣느냐에 따라서 시간 효율은 달라진다.[5]

둘째, 집중력을 높이는 방법은 마감 효과다. 마감 시간이 다가올수록 집중력은 비약적으로 향상된다. 시험 전날 벼락치기가 가능한 것도 마감 시간이 다가와서 놀라운 집중력이 발휘되기 때문이다. 직장인도 마찬가지다. 기한이 한참 남은 일은 매우 더디게 진행된다. 하지만 기한이 임박하면 제자리걸음만 하던 일이 일사천리로 진행된다. 처음에는 해낼 수 없을 것 같은 일도 막상 발등에 불이 떨어진 상태가 되면 엄청난 집중력과 함께 그동안 생각나지 않았던 아이디어가 쏟아져 나온다. 이것이 마감 효과가 가진 힘이다. 마감 효과는 1955년에 '파킨슨 법칙'으로 증명되었다. 파킨슨 법칙의 핵심은 다음 문장에 담겨 있다.

"만약 당신에게 편지를 쓸 시간이 10분 있다면 당신은 그것을 10분 안에 마칠 것이다. 만약 4시간이 있다면 4시간이 걸릴 것이다."

이 법칙은 역사학자 노스코트 파킨슨이 〈이코노미스트〉에 기고한 풍자적 에세이에서 유래되었다. 일의 양은 사용할 수 있는 시간이 늘어남에 따라 한도까지 늘어나는 법칙이다. 파킨슨 법칙에 따르면 모든 일은 완료하기 위해 할당된 시간에 맞춰서 늘어난다. 어떤 일이든 완료하기까지 걸리는 시간을 예상하고 계획을 세워서 실행한다.

프로젝트를 완료하려면 예상한 시간이 모두 필요하다는 뜻이다. 한 달이 걸린다고 생각한 일은 29일째 되는 날 저녁에 마무리한다. 똑같은 일을 2주일이 걸린다고 생각하면 13일째 되는 날 저녁에 끝낸다. 마감 시간은 집중력을 만들어낸다. 마감 시간이 임박하면 꼭 해야 하는 일에만 집중하고 그 밖에 다른 일, 불필요한 일은 배제한다. 마감 효과를 믿는 사람은 계획할 때, 마감 시간을 정한다. 일할 때는 시간을 제한해서 적절한 긴장감을 주는 포모도로 기법은 마감 효과를 이용해서 시간 효율을 높인다. 그렇다면 타이머가 알려주는 마감 시간은 시간 효율을 높이는 데 만병

통치약일까? 마감 효과를 이용해서 효과적으로 완료할 수 있는 일이 있고 그렇지 않은 일이 있다. 할 일이 너무 많거나 중간 목표를 단계적으로 완료해야 최종 목표를 달성하는 일은 마감 효과를 기대하기 어렵다.

마감 효과만 믿고 일을 미루다가 실패하는 사례는 많다. 멀리 있는 코끼리 이야기가 이런 상황을 잘 설명한다. 몸집이 거대한 코끼리는 멀리서 보면 작아 보인다. 코끼리는 사자나 호랑이처럼 사납게 보이지도 않는다. 멀리 있는 코끼리가 가까이 다가오면 큰 몸집만큼 위협적인 존재가 된다. 충분히 할 수 있다고 생각한 일도 막상 코앞에 닥치면 큰일이 된다. 눈앞에 큰 문제가 닥치면 누구나 멈칫한다. 지금 눈앞에 놓인 큰 문제는 오래전부터 계획에 있었거나 충분히 예상할 수 있는 일이었다. 거대한 코끼리를 그냥 지켜보기만 했다면 눈앞에 코끼리가 다가왔을 때는 해결할 방법이 없어서 도망쳐야 한다.

마감 시간이 임박해서 완료하는 일은 완성도를 심각하게 따져 봐야 한다. 마감 효과는 계획을 세워서 단계적으로 진행하는 일을 조금 더 빠르게 진행해야 할 때 또는 시간이 조금 부족할 때는 효과가 있다. '조금 더 집중했더라면' '시간이 조금만 더 있었더라면'이라는 생각이 들 정도로 시간이 약간 부족해서 완성하지 못한 일은 마감 효과를 이용해서 완성도를 높일 수 있다. 마감 효과를 얻으려면 할 일의 우선순위와 철저한 계획, 실천이 뒷받침되어야 한다. 계획대로 실행한 후에 시간이 조금 부족할 때 마감 효과를 이용하면 놀랄만한 성과를 얻는다.[6]

셋째, 시간 효율을 높이는 방법으로 가장 많이 사용하는 것은 우선순위다. 우선순위가 가장 높은 일을 할 일 목록 맨 위에 쓴다. 목표에도 우선순위가 있다. 개인의 목표, 회사에서 할당된 목표, 가족의 목표, 취미 생활에서 목표 등 여러 개의 목표를 중요한 순서대로 적는다. 가장 중요한 목표를 제일 위에 적는다. 목표의 우선순위는 할 일 목록에도 반영한다. 어떤 일부터 시작해야 하는지 모를 때는 우선순위를 기준으로 할 일을 정한다. 문제는 우선순위를 알면서 우선순위대로 처리하지 않는 데 있다. 목표의 우선순위를 제대로 정하지 않으면 할 일 목록에서 우선순위가 꼬인다.

우선순위를 정하는 방법은 사람마다 다르다. 보통은 장기적으로 중요한 일, 단기적으로 긴급한 일을 우선순위 상위에 올린다. 장기적으로 중요한 일은 지금 실천하지 않으면 시간이 한참 지난 후에 후회할만한 것이다. 단기적으로 긴급한 일은 중요도와 상관없이 바로 실천하지 않으면 안 되는 것이다. 나는 목표와 할 일 목록에서 우선순위를 정하는 기준이 있다. 그것은 '간절함'이다. 여러 가지 목표 가운데 가장 간절히 원하는 목표를 눈으로 확인해야 한다.

목표와 할 일 목록을 종이에 써서 성공한 사람의 사례는 많다. 종이에 쓰면 우선순위의 기준이 수시로 바뀌지 않아서 간절한 목표를 일관되게 유지하고 노력을 이어갈 수 있다. 처음에 정한 목표를 끝까지 밀고 나가기 때문에 목표를 달성하는 것이다.

80/20 법칙, 마감 효과, 우선순위는 시간 효율을 높이는 요소로 영원히 변하지 않을 것이다. 그렇다면, 많은 사람이 시간 관리에서 간과한 두 가지는 무엇일까? 시간 관리에 실패하는 이유는 목표와 할 일 목록을 잘 만들고도 다음 두 가지 요인을 간과하기 때문이다. 그것은 '실제로 그 일을 하는 것'과 '행복지수'다.

첫째, 시간 관리에 성공하려면 할 일 목록에 적은 일을 실제로 해야 한다. 시간 관리 전문가 마크 포스터는 할 일 목록에서 A-꼭 해야 하는 일, B-해야 하는 일, C-하면 좋은 일, 이렇게 세 가지로 등급을 매기고 A등급으로 분류한 일 가운데 가장 긴급한 일을 하라고 권한다. 이 방법으로 우선순위를 정하고 A등급 일을 처리한다. 하지만 시간이 지나면 B, C등급으로 분류한 일도 A등급이 된다.

진짜 문제는 일의 우선순위가 아니라 그 일을 실제로 하는 것이다. 간절함, 중요도, 긴급성에 따라 우선순위를 정하는 것만큼 실제로 그 일을 하는 것, 중요한 일을 하는 데 많은 시간을 사용하는 것이 중요하다. 시간 관리에 성공하는 유일한 방법은 그 일을 실제로 하는 것이다.

할 일 목록에 적은 일을 실천하는 방법은 '계획대로 실천하기'와 '점검하고 다시 실천하기'다. 나는 하루의 할 일 목록과 일주일 동안 할 일, 마감 시간, 예상 시간을 다이어리에 적는다. 그러면 계획표가 된다. 각각의 일을 하는 데 걸리는 시간을 예상하면, 진행하는 과정이 머릿속에 그려진다. 이렇게 하면 실제로 그 일을 처리하는 시간이 조금 빨라진다. 일하는 도중에도 할 일 목록 겸 계획표를 수시로 확인한다. 할 일 목록에서 10~30분 안에 처리할 수 있는 일부터 끝낸다. 처리하기 어려운 일은 아니지만 오래 걸리는 일은 일단 시작한다. 시작하지 않으면 계속 미루기 때문이다. 시작하면 조금씩 진행이 되고 결국은 그 일이 끝난다. 할 일 목록에 적은 일을 마치면 끝난 시간을 기록한다. 예상 시간보다 더 소요되었는지 확인한다. 예상한 시간 안에 끝나는 일은 드물다. 계획할 때 예상한 시간과 완료한 시간을 기록하면 일의 진행 상황을 알 수 있다. 다음에 비슷한 일을 할 때는 더 빨리 끝낼 수 있다. 할 일 목록의 진정한 의미는 거기에 적은 일을 실제로 실천해서 끝내는 것이다.

둘째, 시간을 관리하는 목적이 더 많은 일을 하기 위해서라면, 시간 관리는 며칠 못 가서 실패한다. 계획을 세워서 시간을 효율적으로 활용해도 할 일 목록에 적은 일을 모두 완료할 수는 없다. 할 일 목록에는 언제나 할 수 있는 일의 양보다 많은 일이 적혀있기 때문이다. 할 일 목록에 적은 일을 모두 완료하는 사람은 거의 없다. 할 일이 아주 간단하고 쉬운 일이 아닌 이상 오늘 할 일 목록에 적은 일 가운데 절반 이상은 내일 할 일 목록으로 넘어간다.

전통적인 시간 관리에서는 정해진 시간에 더 빨리, 더 많은 일을 하라고 가르친다. '테일러리즘'으로 일컫는 효율을 강조하는 시간 관리는 이제 통하지 않는다. 본질을 들여다보면, 테일러리즘은 작업을 표준화해서 일을 많이 한 사람이 더 많은 급여를 받는 시스템이다. 과업을 표준화해서 효율적으로 일하고, 일한 만큼 급여를 받는 합리적인 시스템이다. 인간을 부품처럼 생각하거나 효율만 강조했다는 것은 테일러리즘의 본질이 아니다.

그런데, 할 일 목록의 장점을 들여다보면 우리가 단점으로 지적하는 테일러리즘의 특징이 고스란히 담겨 있다. 스티븐 코비는 《소중한 것을 먼저 하라》에서 "계획표에 적은 대로 정해진 시간 안에 많은 일을 하는 것은 삶을 더욱 각박하게 만들고 지치게 할 뿐이다."라고 했다. 전통적인 시간 관리에서는 집중을 방해하는 환경과 주변 사람을 통제할 것을 권한다. 집중하는 시간에 방해받지 않는 방법을 해결책으로 제시한다. 하지만 지금은 일이 중요한 만큼 사람들과 소통도 중요하다. 할 일 목록과 계획대로 실천하는 것, 더 높은 목표를 향한 도전의 본질은 지금보다 더 행복한 삶을 살기 위함이다. 미래의 행복을 위해서 현재의 불행을 선택하는 시대가 아니다.

일본에서 '이토식 학습법'으로 사법고시 단기 합격자를 가장 많이 배출한 이토 마코토의 시간 관리는 특이한 점이 있다. 그는 시간 관리에 행복지수를 적용했다. 가족과 보내는 즐거운 시간, 같은 취미를 가진 직장 동료와 수다를 떠는 시간, 친구와 무의미해 보이는 잡담을 나누는 시간은 전통적인 시간 관리 관점에서 낭비한 시간이다.[7]

잡담으로 시간으로 보내면서 무엇을 얻었냐고 묻는다면, 당연히 얻은 건 없다. 이야기를 나누는 사람에게 정보를 얻을 수는 있지만, 그 정보의 가치가 어느 정도인지는 알 수 없다. 성과보다 그 시간이 즐거웠는지 생각해보자. 이토 마코토가 말한 행복지수를 적용하면, 잡담한 시간은 즐거운 시간이다. 시간 관리에 행복지수를 적용하면 시간이 가진 의미가 달라진다. 이토식 학습법에서 시간 관리는 치밀한 계획과 그것을 지켜야 한다는 부담감에서 벗어나는 것이다. 기존의 시간 효율을 높이는 방법으로는 목표를 달성하기 어렵다. 완벽한 계획을 만들려고 엄청난 에너지와 시간을 소비한다. 그런데 계획대로 실천하지 못한다. 또다시 새로운 계획을 세운다. 시간 효율을 높이려고 계획을 세우면 이런 굴레를 벗어날 수 없다. 명확한 목표를 정하고 언제까지 그 목표를 달성해야 하는지, 할 일의 전체 모습을 파악하는 게 중요하다.

목표 달성을 위해 일분일초를 아끼며 노력하는 것만큼 행복을 느끼는 것도 중요하다. 목표를 달성하기 위해 노력하는 시간도 인생의 일부분이다. 원하는 것을 이루기 위해 쉴 새 없이 노력하는 시간이 중요한 만큼 좋아하는 책, 보고 싶은 영화, 좋은 사람들과 시간을 보내는 것은 행복을 느낀다는 의미에서 충분히 가치가 있다. 가족·친한 친구·연인과 즐겁게 지내는 동안 정서적으로 안정감을 느낀다. 행복한 시간은 고스란히 에너지로 축적된다. 목표 달성을 위해 다시 노력할 때, 축적된 에너지가 발산한다.

종합해보면, 행복한 인생을 보내는 사람이 시간을 효율적으로 활용하는 사람이다.

꿈을 목표로,
목표를 현실로 만드는 방법

 꿈과 목표의 차이에 대해서 생각해 본 적이 있는지 묻고 싶다. 둘의 차이를 "꿈은 이것이고 목표는 저것이다"라고 명쾌하게 정리하기는 어렵다. 친구나 동료에게 꿈이 무엇이냐고 물어보고, 그다음 목표가 무엇이냐고 물어보면 대강의 차이점은 알 수 있다. 질문하는 장소나 환경에 따라서 답이 달라지는 경우도 있다. 진지한 분위기에서 물어볼 때와 회식 자리처럼 즐거운 분위기에서 물어볼 때 대답은 다를 수 있다.

 초등학생에게 꿈이 뭐냐고 물으면 대통령, 연예인, 선생님이라는 대답이 많다. 대통령, 연예인은 TV에서 많이 봤고 선생님은 매일 만나기 때문이다. 청소년에게 꿈과 목표를 물어보면 유명 대학 입학이라는 대답이 압도적으로 많다. 대학생에게 꿈이 무엇이냐고 물어보면 '대기업 취업' '공무원 시험 합격'이라는 대답이 대부분이다. 대기업 취업은 꿈이 아니라 목표라고 하는 게 맞지 않느냐고 물으면 그만큼 실현하기 어려우니까 꿈이라고 말한다는 대답이 돌아온다.

많은 사람이 실현 여부를 기준으로 꿈과 목표를 나눈다. 실현 가능성이 희박하면 꿈, 실현 가능성이 크면 목표라고 하는 게 일반적인 구분이다. 사전적 의미도 이와 비슷하다. 국어사전에 따르면 꿈과 목표의 차이는 '명확한 실체' '대상의 유무'다. 꿈은 실현하고 싶은 희망·이상이다. 목표는 어떤 것이 되거나 어떤 대상을 갖거나 이루려고 지향하는 것이다.

실현 가능 여부에 따라 꿈과 목표를 나누는 기준에는 오류가 있다. 되고 싶은 것, 바라는 것이 똑같은 두 사람이 있는데 어떤 사람은 그것을 이루는 게 가능하다고 생각해서 목표라고 하고 어떤 사람은 불가능하다고 생각해서 꿈이라고 한다면, 꿈과 목표를 나누는 기준은 잘못된 것이다. 여러 학자가 불가능하다고 증명까지 한 일을 실제로 이룬 사례가 있다.

미국의 천문학자이며 수학자인 사이먼 뉴컴은 천문항해력을 만드는 데 큰 업적을 남겼다. 천문학 분야에서 그의 업적을 높이 평가한 영국 왕립천문학회에서는 그에게 메달을 수여했다. 그는 하버드대학을 졸업했고 존스홉킨스대학에서 학생을 가르쳤다. 학문적으로 많은 업적을 남겼지만, 그는 역사에 길이 남는 실수를 했다.

세계 각지의 발명가들이 비행기에 관한 연구를 시작할 무렵, 사이먼 뉴컴은 공기보다 무거운 것이 공중을 난다는 것은 망상이라고 주장하며 학문적으로 증명하겠다고 단언했다. 그는 인간이 하늘을 날 수 없다는 것을 수학적으로 증명했다. 하지만 그의 증명은 불과 2년 만에 라이트 형제에 의해 틀린 것으로 판명됐다. 라이트 형제는 두 명 모두 고등학교를 졸업하지 못했다. 그들은 인쇄소를 운영하다가 1800년대 말 자전거 열풍이 한창일 때 자전거 수리와 판매를 하는 가게를 열었다. 그들은 자전거 가게 매출 가운데 상당 부분을 비행기 실험에 투자했다. 라이트 형제는 1890년대 중반 글라이더 사진에 매료되었고 하늘을 나는 비행기를 만드는 것을 목표로 정했다. 그리고 수많은 시행착오 끝에 12초 동안 시속 10.9킬로미터로 37미터를 비행했다. 이후에 비행기를 조종하는 시스템을 개발했다. 이들이 만든 비행 조종 시스템은 지금까지 개발하는 항공기에도 사용되고 있다.

사이먼 뉴컴은 이론가·학자의 시각에서 하늘을 나는 게 불가능하다고 믿었다. 반면, 라이트 형제는 인쇄소와 자전거 가게를 운영하면서 기계를 다룬 경험에 기초해서 비행기를 만들 수 있다고 믿었다.

두 사람의 엇갈린 운명을 꿈과 목표를 구분하는 관점에서 보면, 하늘을 나는 것이 사이먼 뉴컴에게는 꿈이었고 라이트 형제에게는 목표였다.

모두가 인간의 한계라고 이야기한 꿈같은 일을 실현 가능한 목표로 바꾼 사례를 하나 더 소개한다. 1954년까지 1마일^{약 1.7킬로미터}을 4분 안에 달리는 것은 의학적으로 불가능하다고 했고 많은 사람이 그렇게 믿었다.

의료계와 생물학계의 저명한 학자·연구자는 4분 안에 1마일을 달리면 심장이 압박을 견디지 못하고 터질 거라고 했다. 당시에는 4분 안에 1마일을 달린 사람이 없었기 때문에 인간의 한계라고 믿었다.

의대에 입학한 로저 배니스터는 대학교 육상 클럽에서 코치 없이 혼자서 훈련했다. 그는 기록을 단축하기 위해 자기만의 훈련 방법을 고안했다. 로저 배니스터는 자기가 알고 있는 의학 지식을 달리기 훈련에 적용했고 오랜 연구와 훈련 끝에 1마일을 네 구간으로 나눠서 뛰는 훈련 방법이 효과가 있다는 걸 찾아냈다.

1마일을 네 구간으로 나누고 첫 번째 구간에서 전력 질주한 다음 2분 동안 천천히 뛰고 다시 전력으로 질주하는 방법은 효과가 있었다. 언론에서는 코치진 없이 훈련하는 그를 '고독한 늑대 마일러'라고 불렀다.[8]

그는 모든 육상 선수가 꿈으로만 여겼던 4분의 벽을 넘겠다는 목표를 세웠다. 2년 동안 훈련한 결과 기록이 조금씩 단축됐다. 1953년에 출전한 1마일 달리기 경기에서 4분 3.6초로 영국 신기록을 기록했고 그다음 출전한 경기에서 4분 2초를 기록했다. 당시에 이 기록은 역사상 세 번째로 빠른 기록이었다. 같은 해 가을부터는 기록을 단축하기 위해서 코치진을 구성하고 동료 선수와 함께 강도 높은 훈련을 했다. 이듬해 5월에 열린 1마일 경기에 출전한 배니스터는 훈련한 대로 결승선을 200여 미터 남겨두고 전력 질주한 끝에 3분 59초 4의 기록을 세웠다.

인간의 한계를 돌파한 기록으로 로저 배니스터는 육상계의 전설이 됐다. 그가 전설이 된 이유는 단순히 신기록을 세웠기 때문이 아니다. 로저 배니스터는 모두가 불가능하다고 말한 인간의 한계를 뛰어넘었다. 더 놀라운 사실은 그가 4분의 벽을 넘은 이후에 여러 명의 선수가 4분의 벽을 넘었다는 것이다.[9]

로저 배니스터가 4분의 벽을 넘어선 지 한 달 만에 1마일 경기에서 10명이 4분 안에 결승선을 통과했다. 그리고 1년 뒤엔 37명, 2년 뒤에는 300명이 넘는 선수가 배니스터의 기록을 경신했다.

그가 4분의 벽을 넘기 전까지 여러 학자가 1마일을 4분 이내에 달리는 것이 불가능하다고 했다. 생리 구조상 심장과 폐가 견딜 수 없다는 주장을 모두가 믿었다. 학자의 주장대로 1마일을 4분 이내에 달리는 건 현실에서 불가능한 일, 즉 꿈이었다. 배니스터는 꿈을 실현할 수 있는 목표로 바꿔놓았다. 그가 인간의 한계를 넘는 기록을 세운 후에 BBC 방송에서는 "4분의 벽은 심리적 장벽이었을 뿐, 실제로 육체적인 장벽은 아니었다."라고 했다.

로저 배니스터와 라이트 형제의 사례를 보면 꿈과 목표의 경계를 다시 생각하게 된다. 모두가 꿈이라고 하는 일을 목표로 정하는 것은 역사적으로 위대한 업적을 남긴 사람의 전유물이 아니다. 우리 주변에도 어떤 사람은 꿈이라고 말하는 것을 어떤 사람은 목표로 정하고 노력해서 이루었다는 소식을 종종 접한다.

미국의 언론인 노먼 커즌스는 "가능성을 믿을 때 발전은 시작된다."라고 했다. 경영학자 로렌스 피터는 "낙관론자는 자기의 꿈이 실현되리라 기대하는 반면 비관론자는 자기의 악몽이 현실이 되리라고 예상한다."라고 했다.

꿈을 목표로 만들고 목표를 현실로 만드는 과정을 일반화한 매뉴얼은 없다. 노력한 기간, 과정, 환경 등 변수가 너무 많아서 일반화하기 어렵다. 하지만 로저 배니스터처럼 불가능한 일을 가능한 일로 만든 사례는 많다. 1978년에 행정고시에 합격해서 경기대학교 서비스경영전문대학원 원장을 지낸 송하성 교수는 《송가네 공부법》을 펴냈다. 그는 한 집안에서 2대에 걸쳐 고시 합격자 다섯 명을 배출한 노하우를 밝혔다. 대학에 진학하기도 빠듯한 시골에서 자란 그의 형제 여섯 명 중 네 명과 자녀 세대의 한 명이 고시에 합격했다. 한 집안에 고시 합격자가 한 명만 있어도 대단한 일인데 2대에 걸쳐서 다섯 명이 고시에 합격했다는 건 정말 꿈같은 일이다.

학벌과 경력이 대물림되는 시대, 공무원 시험을 준비하는 사람이 그 어느 때보다 많은 시대다. 한 집안에서 여섯 명이 고시에 합격한 공부 비결을 다음과 같이 제시했다.

한 집안에 여섯 명의 고시 합격자를 배출한 공부 비결

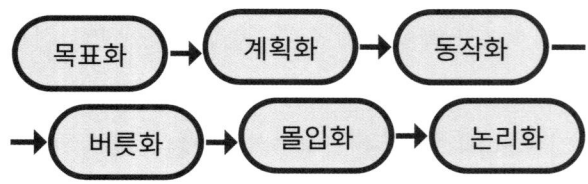

출처 : 송하성 지음, 《송가네 공부법》

첫 단계가 목표화, 즉 목표를 설정하는 것이다. 누군가는 꿈이라고 말하는 일을 목표로 정하는 것이 첫걸음이다. 목표 설정 방법론을 배워서 적용하는 것도 바람직하다. 꿈을 목표로 만드는 건 앞에서 사례로 설명한 라이트 형제, 로저 배니스터처럼 역사에 남을 만한 업적을 이룬 사람만 하는 게 아니다. 목표를 설정하는 방법은 어렵지 않다. 인생의 목표, 회사에서 추진하는 프로젝트의 목표, 일주일 동안 달성할 목표, 모든 목표는 종이와 펜만 있으면 정할 수 있다.

이루고 싶은 것, 되고 싶은 것, 하고 싶은 일을 모두 종이에 적는다. 실현 가능 여부는 생각하지 않는다. 머릿속에 떠오르는 꿈, 목표를 구분하지 않고 적는다.

처음에는 아무것도 생각나지 않을 수도 있다. 일주일 동안 아침 또는 저녁에 시간을 내서 생각하면 20~30개는 충분히 적을 수 있다. 간절하게 원하는 것을 찾아내는 방법으로 매일 하고 싶은 일, 되고 싶은 것, 이루고 싶은 것을 종이에 쓴다. 며칠 동안 이렇게 종이에 쓰면 진심으로 하고 싶은 일이 무엇인지 알 수 있다. 하루, 이틀 만에 목표를 찾으려고 하지 말고 시간을 갖고 생각한다. 종이에 쓰는 방법으로 마음속 깊은 곳에 숨어있는 목표를 찾아낸다.

이루고 싶은 것, 되고 싶은 것, 하고 싶은 일을 알면 그것을 하는 방법이 눈에 보이기 시작한다. 꿈과 목표를 종이에 적으면 비로소 목표가 명확해진다. 목표에 기간을 정하고 현실적인 계획을 세워야 목표가 완성된다. 하지만 많은 사람이 자기가 원하는 것,

즉 무엇이 목표인지도 모른 채 살아간다.

목표를 자각하면 뇌는 목표를 달성하는 방법을 수집한다. 시간을 내서 책을 보거나 인터넷에서 자료를 검색하지 않아도 목표에 도달하는 방법이 눈에 들어온다. 이런 현상을 '컬러 배스 효과 Color bath effect'라고 한다. 컬러 배스는 색을 입힌다는 의미로 한 가지 색에 집중하면 그 색을 가진 사물이 눈에 더 잘 띄는 현상이다.[10]

목표를 설정하면 뇌는 목표와 관련 있는 정보를 수집한다. 길을 가다가, TV를 보다가, 라디오를 듣다가 목표에 접근하는 방법을 발견한다. 그리고 잠재의식에서 목표를 달성하는 방법을 실천하게 만든다.

효과가 있으면 그 방법을 계속 실천한다. 효과가 신통하지 않으면 개선하거나 더 나은 방법을 찾는다. 이런 과정을 거쳐서 달성하기 쉬운 목표부터 순서대로 하나씩 이룬다.

목표 설정은 원하는 것을 종이에 쓰면서 시작한다. 목표를 달성하는 방법이 너무 간단해서 효과가 있는지 의심이 된다면, 속는 셈 치고 실천해보기 바란다. 지금까지 소개한 목표 달성 방법은 브라이언 트레이시가 제시했다.

브라이언 트레이시는 한 해 강연료 수익이 우리 돈으로 수억 원에 달한다. 목표와 자기계발을 주제로 세계를 다니면서 강연하는 그가 제시하는 목표 달성 과정은 7단계다.

브라이언 트레이시의 목표 달성 7단계[11]

1. 자기가 원하는 것을 '정확히' 인지한다.
2. 원하는 것, 목표를 종이에 쓴다. 종이에 쓰지 않으면 환상일 뿐이다.
3. 목표를 달성할 기간을 정한다.
4. 목표를 달성하기 위해 할 수 있는 모든 일을 기록해서 목록을 만든다.
5. 할 수 있는 일을 기록한 목록에서 연속성과 중요도를 기준으로 일의 우선순위를 정한다.
6. 목록에 적은 일을 실천한다.
7. 목록에 적은 일을 매일, 시간 날 때마다 실천한다.

꿈을 목표로 만드는 방법, 목표를 이루는 과정은 특별한 게 없다. 세계적인 강연자 브라이언 트레이시가 제시한 7단계 가운데 절반이 '종이에 적는 것'이다. 종이에 원하는 것을 적는 일은 별것 아닌 것 같지만 도움이 된다. 별것 아니라고 생각해서 종이에 적는 사람은 드물다. '종이에 적는 것'을 실천하는 사람도 며칠 만에 그만둔다. 그래서 목표를 달성하는 사람도 소수에 불과하다.

거창한 목표가 아니라도 좋다. 우선 종이에 쓰기 바란다. 종이에 쓰는 과정이 송하성 교수가 말한 '목표화'다. 막연히 꿈을 꾸기보다는 목표로 만들면 실천하기 수월하다. 달성하기까지 오랜 시간이 걸리는 목표도 있다. 장기간 노력해야 이루는 목표는 긍정의 심리학, 낙관주의, 성장의 마인드셋 등이 작동해야 달성할 수 있다. 목표를 달성하는 첫 번째 과정이 원하는 것, 되고 싶은 것을 종이에 적는다는 것만 기억하고 실천하면 된다.

목표를 정하고 실천하면서 방법을 찾으면, 라이트 형제와 로저 배니스터처럼 이론가가 만들어놓은 장벽을 돌파할 수 있다.

성취목표 이론과 성장의 마인드세트

 목표를 달성하려면 동기가 필요하다. 어떤 일을 하든지 이유가 분명해야 동기가 생긴다. 동기부여는 내적 동기와 외적 동기로 구분한다. 내적 동기는 흥미, 관심, 욕구처럼 마음에서 나온다. 외적 동기는 칭찬, 인정, 성적, 성과급처럼 누군가로부터 보상·칭찬을 받는 것이다.
 초등학생이 생활계획표에 맞춰서 공부하면 용돈을 주거나 게임을 하도록 허락하는 것은 외적 동기다. 외적 동기가 노력의 원동력인 사람은 외적 동기가 사라지면 노력을 중단한다.

외적 동기보다 자발적 욕구로 인해서 내적 동기가 겉으로 드러나게 만드는 것이 더 중요하다.

동기유발 요인

구분	동기 유발 요인
내적 동기	흥미, 관심, 몰입, 모험 및 새로움 추구, 우수성 추구, 알고 싶은 욕구, 향상의 욕구, 목표 지향성 등
외적 동기	주변 사람의 관심, 칭찬, 인정, 피드백, 성적, 성과급, 부와 권력 등

동기와 관련 있는 이론 가운데 '성취목표 이론Achievement goal-orientation theory'은 최근에 많은 관심을 받고 있다. 성취목표 이론은 목표를 달성하기 위해 노력하는 과정을 통합하는 틀frame이 있고, 그 틀에 맞춰서 인지, 행동, 정서에 영향을 주는 방법론이다.

성취목표 이론에서는 노력하는 과정, 인지, 행동, 정서에 따라 숙달 목표와 수행 목표로 구분한다.

- 숙달 목표 : 자신의 능력을 발전시키거나 과제 수행 능력을 숙달하는 데 중점을 둔다.
- 수행 목표 : 타인과 비교하여 자신의 유능함을 드러내며, 타인으로부터 호의적인 평가를 받는 것에 중점을 둔다.

숙달 목표와 수행 목표를 나누는 기준은 비교 대상이다. 숙달 목표는 자기 자신과 비교하며 실력을 키운다. 반면, 수행 목표는 타인과 비교하며 실력을 키운다. 두 가지 목표 모두 능력을 키우는 데 효과가 있다.

"올림픽에서 금메달을 따겠다."

이 목표는 숙달 목표일까? 아니면 수행 목표일까? 올림픽에서 우승하는 건 운동선수의 궁극적인 목표다. 운동선수는 올림픽 금메달을 목표로 정하고 능력을 키운다. 하지만 능력을 키운다고 올림픽에서 금메달을 딸 수 있는 건 아니다. 최고의 감독과 코치, 이들이 만든 최상의 운동 프로그램과 능력을 최대치로 끌어올리는 특화된 훈련을 누구보다 열심히 해도 올림픽에서 금메달을 딴다는 보장은 없다. 경쟁자가 어느 정도의 기량인지, 어떤 훈련을 하는지 모른다. 결정적으로 올림픽 경기 도중 어떤 일이 일어날지 알 수 없다.

일례로 같은 종목에서 우열을 가리기 어려울 정도로 최고의 실력을 갖춘 선수 둘이 있다고 가정하자. 기량이 비슷하지만 B선수는 A선수를 한 번도 이겨본 적이 없다. B선수는 A선수를 이기는 게 목표다. B선수는 A선수보다 더 많은 시간을 운동하고 강도 높은 훈련을 했다. 하지만 A선수를 이기지 못한다. 그 이유는 무엇일까? A선수는 자신의 기록을 뛰어넘기 위해 훈련하고 B선수는 A선수를 이기기 위해서 훈련하기 때문이다.

이런 가정을 증명하는 일이 1968년에 실제로 있었다. 멕시코 올림픽에서 영국의 제자리멀리뛰기 유망주 린 데이비스는 올림픽을 앞두고 막바지 연습에서 842센티미터를 기록했다. 이 기록은 올림픽에 출전하는 선수들의 기록과 비교해서 뒤떨어지지 않았다. 그 때문에 금메달을 딸 것으로 기대하고 자기가 세운 최고 기록을 목표로 정하고 훈련했다. 그는 누구보다 열심히 훈련했다. 하지만 올림픽에서 좋은 기록을 내지 못했다. 멕시코 올림픽 제자리멀리뛰기 종목에서 메달 경쟁을 벌인 선수는 영국의 린 데이비스와 소련의 오바네시안, 미국의 랠프 보스턴이었다. 하지만 예상을 깨고 1차 시기에서 세계기록보다 60센티미터를 더 뛴 미국의 봅 비먼이 금메달을 차지했다. 제자리멀리뛰기 종목의 세계기록은 1936년 이후 30년이 넘도록 15센티미터가 늘어났을 뿐이었다. 이를 고려하면 봅 비먼이 뛴 890센티미터는 경이적인 기록이었다. 멕시코 올림픽 경기장은 고원지대에 위치해서 육상 종목에서 메달을 기대했던 선수들이 제 기량을 발휘하지 못했다. 특히 제자리멀리뛰기 종목은 봅 비먼이 890센티미터를 뛰자 금메달을 목표로 훈련한 영국, 소련, 미국 선수는 모두 사기가 떨어졌다. 이전 올림픽에서 세계기록을 세운 미국의 랠프 보스턴은 자신의 최고 기록보다 15센티미터나 부족한 기록으로 동메달을 목에 걸었다. 유망주였던 소련 선수는 4위를 했고 금메달을 목표로 훈련한

영국의 데이비스 기록은 자신의 최고 기록보다 30센티미터나 모자랐다.[12]

만약, 린 데이비스가 경쟁자의 기록과 상관없이 자기 기록을 경신하겠다는 목표, 숙달 목표를 정하고 연습했다면 올림픽에서 더 좋은 결과를 냈을지도 모른다. 경쟁자보다 나은 기록을 세우는 것은 수행 목표다. 수행 목표의 한계는 경쟁자의 기록이다. 경쟁자의 기록이 향상되지 않으면 내가 정한 목표도 상향 조정되지 않는다. 자기 기록을 넘어서는 것은 숙달 목표다. 숙달 목표는 자기가 세운 기록을 계속 경신해야 하므로 목표 수준은 계속 높아진다.

어떤 목표를 정하느냐에 따라서 실력이 계속 향상될 수도 있고 그렇지 않을 수도 있다. 성공을 목표로 하느냐, 성장을 목표로 하느냐에 따라서 목표 수준의 한계가 바뀐다. 김난도 교수가 《트렌드 코리아 2020》에서 제시한 트렌드 중에 '업글 인간$^{Elevate\ yourself}$'이 있다. 업글 인간은 성장을 추구하는 인간을 일컫는다. 여기서 업글은 업그레이드^{Upgrade}의 줄임말로 타인과 경쟁에서 승리하기 위해서 스펙을 갖추는 게 아니라 삶, 인생 전반에 걸쳐서 질적인 변화를 추구하는 것이다. 업글 인간이 설정한 목표는 다른 사람이 정한 기준에 따르지 않는다. 어제보다 성장한 나를 만드는 것이 업글 인간의 목표다. '어제보다 성장한 나'는 성장이 목표다.

경쟁자보다 나아지는 게 아니라 어제의 나보다 발전하기 위해 노력한다.

누군가 만들어놓은 기준에 맞추는 것, 즉 수행 목표를 달성하기 위해 노력하는 사람은 목표를 달성한 후에 노력을 멈춘다. 수행 목표를 달성하면 노력할 동기가 사라진다. 어제보다 실력을 키우기 위해서 노력하는 사람은 숙달 목표를 지향한다. 숙달 목표는 목표 수준이 계속 높아진다. 노력을 멈추는 순간이 오지 않는다. 자기 의지에 따라서 지속해서 실력을 키울 수 있다.

지속해서 실력을 키우려면 숙달 목표를 선택해야 한다. 그런데 수행 목표와 숙달 목표는 둘 중 하나를 선택하는 게 전부가 아니다. 두 가지 목표는 마인드세트, 즉 마음가짐부터 다르다. 수행 목표는 다른 사람이 설정한 목표를 넘어서는 것이고 다른 사람과 비교해서 더 뛰어나면 된다. 만약, 능력이 비슷한 경우, 적은 노력으로 더 많은 결과를 얻는 사람이 우위에 선다. 숙달 목표는 목표 수준을 스스로 정한다. 목표 수준에 도달하면 목표 수준을 높인다. 기준이 어제의 나, 즉 자기 실력이기 때문에 부족한 부분을 반복하면 실력이 향상된다는 믿음이 필요하다.

훈련으로 실력을 키울 수 있다는 믿음은 역사가 그리 오래되지 않았다. 지금으로부터 120여 년 전만 해도 거의 모든 사람이 프랜시스 골턴이 주장한 우생학을 믿었다. 우생학은 우량 인자들 사이에 교배로 동식물의 품종을 개량하는 것처럼 인간도 같은 방법으로 우수한 인종을 만들어내는 것이 핵심이다. 우생학에 따르면 훈련과 노력으로 능력·지능을 키울 수 없다. 왜냐하면, 능력·지능은 타고나는 것이기 때문이다. 프랜시스 골턴은 《종의 기원》을 쓴 찰스 다윈의 사촌이다. 그는 자기 가문에서 인재가 많이 배출된 이유를 우생학에서 찾았다.

태어날 때부터 능력·지능이 정해진다는 믿음은 훈련과 노력으로 능력·지능을 향상할 수 있다는 주장이 이론으로 증명되기 전까지 계속되었다. 스탠퍼드대학 심리학과 캐롤 드웩 박사는 인간의 지능에 대한 관점을 두 가지로 분류했다. 첫 번째, 실체 이론 Entity Theory이다. 실체 이론에 따르면 지능은 실제로 존재하기 때문에 인간의 지능을 향상할 수 없다. 두 번째, 증가 이론 Incremental Theory 이다. 증가 이론에 따르면 노력해서 지능을 향상할 수 있다. 캐롤 드웩 박사는 많은 사람이 두 가지 이론을 모두 믿는다는 것을 밝히기 위해서 학생을 대상으로 문제를 푸는 실험을 했다.

실험에 참여한 학생이 충분히 풀 수 있는 수준의 문제 여덟 개와 풀 수 없는 문제 네 개를 냈다. 실체 이론을 믿는 학생은 자신의 지능을 탓하면서 어려운 문제 풀기를 포기했다. 반면, 증가 이론을 믿는 학생은 풀 수 없는 문제를 풀려고 노력했다. 문제를 푸는 동안 실체 이론을 믿는 학생은 점점 무기력해졌고, 증가 이론을 믿는 학생은 풀 수 없는 문제를 풀려고 여러 가지 공식을 대입하며 답을 구하려고 애썼다. 증가 이론을 믿는 학생은 풀 수 없는 수준의 문제를 풀기 위해 해법을 생각하는 동안 정답에 가까운 풀이 과정을 찾아냈다. 증가 이론을 믿는 학생은 실제로 실력이 향상됐다. 지능이 향상된다고 믿으면 어려운 수준의 목표를 달성하려는 의지가 생기고 목표에 접근하는 방식도 달라진다. 그에 따라 실험 결과에도 차이가 났다.[13]

캐롤 드웩 박사는 실체 이론과 증가 이론에서 자신의 능력을 바라보는 시각·믿음을 마인드세트Mindset라고 했다. 그는 실체 이론을 믿는 것을 고착의 마인드세트, 증가 이론을 믿는 것을 성장의 마인드세트라고 했다. 마인드세트는 우리말로 신념, 의식구조다.

성장의 마인드세트와 고착의 마인드세트는 긍정·부정적인 생각과 다르다. 긍정의 마인드세트, 증가 이론을 믿는 사람도 슬럼프에 빠지고 목표 달성에 실패하면 우울하다. 이들이 불굴의 의지로 목표를 달성할 때까지 계속 재도전하는 것 같지만, 때로는 고착의 마인드세트를 가진 사람보다 더 심각한 좌절을 겪기도 한다. 목표 달성에 실패하면 누구나 좌절한다. 중요한 것은 좌절에 대응하는 방식이다. 성장의 마인드세트를 가진 사람은 목표 달성에 실패하면 일시적으로 슬럼프를 겪은 후 목표를 다시 설정하고 이전보다 더 노력한다. 한동안 의기소침해 있더라도 노력하면 결국은 목표를 달성한다는 믿음이 있다. 고착의 마인드세트를 가진 사람은 목표 달성에 실패하면 자신을 무능한 존재라고 생각하면서 괴로워한다. 연이어 목표 달성에 실패하면 자기가 앞으로 할 일을 생각하지 않는다. 앞으로 나아가기보다 무기력해져서 목표를 방치하는 경향을 보인다.

스포츠 분야에는 목표에 관한 여러 가지 이론을 설명하는 사례가 많다. 특히 성장형 마인드세트 사례는 슬럼프를 극복한 스포츠 스타에게서 찾을 수 있다. 1980년대부터 1990년대 중반까지 여자 육상 7종 경기를 제패한 재키 조이너 커시는 12년 동안 연이어 좋은 성적을 냈다. 100미터 허들, 200미터 달리기, 800미터 달리기, 높이뛰기, 창던지기, 멀리뛰기, 투포환 경기로 이루어진 여자 육상 7종 경기에서 세계신기록을 세웠다. 제24회 서울 올림픽, 제25회 바르셀로나 올림픽에서 두 번이나 금메달을 땄다. 재키 조이너 커시가 육상을 처음 시작했을 때부터 두각을 나타낸 건 아니다. 열심히 훈련하고 기량도 뛰어났지만 경기에서 번번이 우승을 놓쳤다. 그러다가 어느 순간부터 경기에서 좋은 성적을 냈다. 그가 역사에 남는 육상 선수가 된 이유는 태도 덕분이다. 재키 조이너 커시는 노력해서 인생을 바꿀 수 있다고 믿었고 고된 훈련을 마다하지 않았다.

어린 시절부터 줄곧 우승하며 패배를 모르는 선수, 재능을 타고났다고 믿는 선수는 최고의 자리에 오르더라도 그 자리를 지키지 못한다. 태어날 때부터 재능이 있다고 믿으면 우월감에 도취해서 게을러지고 부진을 극복하는 방법도 배우지 못한다. 재능과 천재성을 믿으면 목표 달성에 실패했을 때 집중력과 자제력을 잃어버린다.

성장의 마인드세트는 근성, 용기, 의지라는 이름으로 불렸고, 최근에는 그릿^{Grit}이라고 한다. 성장의 마인드세트를 가진 사람은 목표 달성에 실패해도 무기력에서 빠져나올 힘을 끌어낸다. 목표를 이루게 만드는 비결은 노력하면 실력이 향상된다는 믿음, 즉 성장의 마인드세트다.

이론적·체계적으로 목표 관리하기

 목표를 달성하는 데 효과적인 방법을 설명할 때, 보통 사람은 엄두도 내지 못 하는 일을 불굴의 의지로 해낸 사람의 경험을 사례로 든다. 개인의 목표 달성 사례를 학문적 이론과 실험 결과에 대입해서 불굴의 의지로 성공한 사람의 목표 설정과 달성 과정을 설명한다. 개인의 성공담에 열광하면서도 다른 한편으로는 성공한 사람의 노력, 능력, 환경 덕분에 목표 달성이 가능하다고 생각한다.

 목표가 확실해야 좋은 결과를 만든다는 말은 귀에 못이 박히

도록 들었다. 그런데도 목표를 설정하는 방법을 물어보면, '목표는 구체적으로 정한다' '장기 목표와 단기 목표를 정한다' '마감일을 정한다'라고 대답한다. 이것만 알면 충분하다고 말한다. 그리고 이렇게 묻는다.

"목표를 설정하고 관리하는 방법, 목표에 관한 이론을 배우면 목표를 달성하는 데 도움이 되나요?"

어떤 사람은 목표 설정·관리에 관한 교육을 받고 그대로 적용해도 번번이 목표 달성에 실패해서 목표·계획이라는 말에 반감을 드러낸다. 목표에 관해서 연구하는 학자는 가설을 만들고 실험하고 사례를 모아서 방법론의 장단점, 입증된 효과, 적용 사례 등을 제시한다. 이론에는 장단점이 있다. 때로는 목표를 달성하는 과정에 단점이나 부정적인 측면이 드러난다.

목표 달성에 관한 이론을 의심하는 사람 중에는 단점을 간과한 채 이론을 적용한 경우가 많다. 목표 이론에서 가장 많이 단점으로 지적하는 것은 더 나은 성과, 더 빨리 결과를 확인하기 위해, 성과와 함께 따라오는 보상을 더 많이 차지하기 위해서 저지르는 비윤리적인 행동이다. 결과보다 과정이 중요하다는 말도 이런 이유에서 나왔다.

위대한 업적을 이룬 사람의 성공담에 귀를 기울이는 것도 좋지만 우선 목표에 관한 이론을 정확히 배우기 바란다. 그러면 개인의 출중한 능력과 환경 덕분에 좋은 결과를 이루었다고, 또는 실패했다고 섣불리 단정하지 않는다. 목표 달성에 실패하면 이론을 탓하기보다 원인을 분석해서 수정·보완한다.

허황된 목표가 아니면, 과학으로 증명된 이론을 적용해서 목표를 관리하고 몇 차례 수정·보완해서 좋은 결과를 얻을 수 있다. 이론적 지식이 없으면 목표를 관리할 수 없고 수정·보완할 기회를 놓치고 노력을 중단한다.

이론을 많이 아는 것과 좋은 결과는 직접적인 관계가 없지만, 이론을 확실히 배워두면 자기가 설정한 목표에 확신과 믿음이 생겨서 노력을 지속할 수 있다. 이것이 목표 이론을 알아야 하는 이유다.

목표 설정·관리에서 꼭 알아야 하는 이론은 세 가지다.

- 에드윈 로크의 목표 설정 이론
- 피터 드러커의 목표에 의한 관리(MBO)
- 로버트 하우스의 경로-목표 이론

에드윈 로크는 인간이 합리적으로 행동한다는 것을 전제로 목표 설정 이론을 만들었다. 의식적으로 설정한 목표가 동기와 합리적인 행동에 영향을 미친다는 것이 목표 설정 이론의 핵심이다. 의식적으로 설정한 목표는 개인이 얻고자 하는 사물 혹은 상태, 미래에 어떤 시점에 달성하려고 시도하는 것이다. 예를 들면, 많은 사람이 원하는 사물은 자본, 집, 장비 등이다. 상태는 부자, 기업가, 정치인 등이다. 회사에서 승진하는 것도 상태에 포함된다. 미래에 어떤 시점은 목표를 달성하는 기한이다.

합리적으로 행동하는 사람은 목표를 달성하기 위해 계획을 세운다. 목표 달성에 가장 도움이 되는 행동, 먼저 처리해야 하는 일을 우선순위 상위에 배치하는 게 계획이다. 에드윈 로크가 합리적인 행동을 한다는 전제조건을 설정한 이유는 인간의 본성은 쾌락을 더 원하기 때문이다. 목표와 계획이 없으면 가치 있는 일을 하기보다 아무것도 하지 않는 휴식 또는 즐거운 시간을 보내는 놀이를 선택한다.

합리적인 행동, 노력과 인내, 목표 달성을 위한 전략을 끌어내려면 다음 세 가지를 고려해야 한다. 첫째, 성취감을 주는 목표 수준을 설정한다. 너무 쉬운 목표 또는 지나치게 이상적인 목표는 행동을 끌어내지 못한다. 성취감이 없으면 달성할 필요가 없다고 생각한다. 목표가 너무 이상적일 때도 행동을 끌어내지 못한다. 이것이 로크가 말한 합리적인 행동이다. 목표를 달성하면 노력한 대가가 있어야 하는 데 쉬운 목표와 이상적인 목표는 대가가 없거나 달성할 수 없기 때문이다.

둘째, 명확한 목표가 행동하게 만든다. 추상적인 목표는 행동을 끌어내지 못한다. 개인의 목표가 구체적일 필요는 없다. 구체적인 목표는 무엇을, 왜, 어떻게, 언제까지 해야 하는지 명확하게 정리된 목표다. 회사·조직에서 공동의 목표를 설정하면 실행 주체(담당자)까지 명시한다. 구체적인 목표를 설정할 때는 '언제까지'가 중요하다.

목표를 달성하는 최종 기한과 목표에 도달하기까지 구간별로 중간 점검을 하는 시기를 정한다. 중간 점검 시기는 목표를 달성하는 전체 기한에 따라 다르다. 나는 일주일마다 점검할 것을 권한다. 매일 점검하는 건 주기가 너무 짧고 한 달은 너무 길다. 목표 달성률, 완성도를 점검하는 주기는 일주일이 적당하다.

셋째, 목표를 달성하는 사람이 설정한 목표를 의미 있는 것으로 받아들인다. 이것을 '목표 수용'이라고 한다. 목표가 명확하고 달성했을 때 성취감을 준다고 해도 실행 주체가 의미를 부여하지 못하면 노력을 이어갈 수 없다.

목표 설정 이론은 다음과 같이 4단계로 구분하고 각각의 단계에서 실천하는 내용은 다음과 같다.

에드윈 로크는 회사·조직의 목표 달성에 적합하게 이론을 만들었다. 목표 설정 이론은 목표를 수용하는 과정을 자세히 설명하지 않는다. 목표 수용을 전적으로 개인에게 맡기기 때문에 스스로 설정하는 목표에는 이 이론을 적용하기 어렵다.

회사에서는 설정한 목표를 달성하지 않으면 어떤 형태로든 불

이익을 받기 때문에 강제로 목표를 받아들이지만, 개인의 목표는 그렇지 않다.

목표 설정 이론 4단계 실천 사항

단계	실천 사항
가치 설정과 판단	목표의 가치를 판단한다. 가치가 동기를 부여한다.
욕망과 정서	달성 가능한 범위에서 적당히 어려운 수준의 목표를 정한다. 목표 달성 여부를 판단하는 기준과 기한, 점검 주기를 정한다.
의도와 목표	목표 달성의 의미를 생각하고 결과에 따라 보상한다. 체계적인 피드백을 제공한다.
실천과 성과	실천한 일, 피드백, 성과가 선순환하는 구조를 만든다.

목표를 수용하지 않은 상태에서는 목표 달성 시에 큰 보상이 주어져도, 목표가 구체적이어도 기대한 만큼 성과를 내기가 어렵다. 하지만 목표 설정 이론은 목표를 설정하는 데 분명히 도움을 주기 때문에 상황에 맞게 활용하면 된다.

에드윈 로크의 목표 설정 이론이 다분히 이론적인 것에 반해, 피터 드러커가 제시한 목표에 의한 관리$^{\text{MBO, Management By Object}}$는 회사와 개인 모두 적용할 수 있다. 목표 설정 이론은 목표 설정에 초점을 맞춘다. MBO는 목표를 관리하는 데 초점을 맞춘다. MBO는 목표의 타당성을 확인하는 방법론으로 목표를 설정한 후에 적용한다.

피터 드러커는 《경영의 실제》에서 MBO 이론을 처음 소개했다. 이 책이 1954년에 출간되었으니까 MBO가 만들어진지도 60여 년이 지났다. 경영학에서 60여 년 전에 만든 방법론을 그대로 사용하는 사례는 많지 않다. 지금까지 MBO를 활용하는 이유는 지식근로자의 목표 관리에 적합하기 때문이다.

경영의 대가로 찬사를 받는 피터 드러커는 기업에서 직원에게 동기를 부여하려고 MBO 개념을 만들었다. 기업에서 구성원에게 목표를 할당하는 게 아니라 공동의 목표를 제시하고 그에 부합하는 목표를 스스로 정하게 하면 개인의 능력을 더 끌어낼 수 있다고 믿었다. 이런 믿음 덕분에 기업가와 구성원은 MBO를 효과적인 목표 관리 도구로 인식했다. 피터 드러커는 통제에 의한 관리^{Manage}가 아니라 스스로 실천하는 자율적 관리$^{Self\ control}$라는 표현을 썼다. 이것이 프레드릭 테일러가 주장한 과학적 관리와 다른 점이다.

피터 드러커는 석공 우화를 통해서 자율적 목표 관리를 전파했다. 이 우화는 아주 짧다. 하지만 목표 설정에 관한 모든 내용을 전달한다.

"석공에게 돌을 깨는 이유^{목표}를 물었는데, 한 석공은 '먹고살려고', 다음 석공은 '가장 멋진 솜씨로 석상을 만드는 석공이 되려고'라고 대답했다. 마지막 석공은 '성당을 짓기 위해서'라고 대답했다."

피터 드러커는 세 석공을 각각 '노동자' '전문가' '경영자'에 비유하면서 기업^{조직}의 목표와 개인의 목표를 연결할 것을 권했다. 목표에 따라 일하는 방식이 다르다. 처음에는 모두 '경영자'의 목표를 가지고 일을 하지만 시간이 지나면 목표를 잊는다. 그래서 목표를 관리해야 한다. 목표를 계속 기억하게 하려고 '핵심 성과지표' '목표 관리 기법' 'SMART 기법' 등을 적용한다. 특히 SMART 기법은 목표 관리에서 원칙처럼 통한다.

Specific^{구체적인}, Measurable$^{측정할 수 있는}$, Achievable$^{달성할 수 있는}$, Realistic^{현실적인}, Time-bound$^{마감 기한이 있는}$의 앞 글자를 따서 SMART 기법이라고 한다.

Achievable을 Action-Oriented$^{실천 지향적}$로, Realistic을 Relevant$^{가치에 부합하는}$, Recorded^{기록하는}로, Time-bound를 Time-limit$^{시간을 제한하는}$로 표시해서 각각의 요소를 강조한다. 어떤 단어를 써도 의미는 비슷하다.

다섯 가지 항목 가운데 정확하게 설정할 수 있는 건 마감 기한이다. 나머지 항목은 개인 역량에 좌우된다. 목표를 구체적으로 설정할 때, '영어 공부를 하겠다'보다 '영어 단어와 문장을 하루에 10개씩 외우겠다'가 구체적이고 '나는 부자가 되겠다'보다 '나는 매달 얼마씩 저금하겠다'라는 목표를 정해야 Measurable^{측정할 수 있는}과 Achievable^{달성할 수 있는} 항목을 적용할 수 있다.

구체적인 목표를 설정하는 방법은 논리에 따르면 된다. 논리적으로 목표를 설정하려면 일반적으로 육하원칙에 따른다.

- 무엇(What) : 할 일, 되고 싶은 것, 갖고 싶은 것
- 언제(When) : 마감 기한, 중간 점검 주기, 달성률, 완성도 등
- 어디서(Where) : 목표 달성을 위한 실천^{노력}을 하는 장소
- 누가(Who) : 목표 달성 주체, 도움을 줄 수 있는 사람, 가르쳐주는 사람 등
- 어떻게(How) : 목표 달성 기간과 숙련도, 달성률에 따라 효과적인 방법을 적용
- 왜(Why) : 목표를 달성해야 하는 이유

육하원칙에 따라 설정한 목표는 SMART 목표와 겹치는 부분이 많다. 목표를 달성하는 과정에서 할 일을 기간별로 정리하면 주기적으로 달성률을 측정해서 마감 기한 안에 목표를 달성할 수 있다. 무엇보다 목표를 잊지 않게 해준다.

주기적으로 목표를 관리하지 않으면 Achievable^{달성할 수 있는}과 Realistic^{현실적인} 항목에서 문제가 생긴다. 목표를 정할 때는 충분히 달성할 수 있다고 생각했는데 시간이 지날수록 목표 달성과 거리

가 멀어진다. 그러면 대부분 마감 기한을 뒤로 미룬다. 마감 기한을 몇 번 미루다가 더 급한 일, 더 중요한 일이 생기면 목표 달성을 포기하는 지경에 이른다.

피터 드러커가 고안한 MBO는 목표를 설정하고 관리하는 방법이다. 목표를 달성하는 데 직접적인 도움을 주지 않는다. 기업에서는 MBO를 적용해서 구성원이 스스로 목표를 정하도록 하는데, 충분히 달성할 수 있는 목표만 설정하는 구성원이 있다. 이것이 목표 관리의 단점이자 부작용이다. 목표 수준도 주기적으로 점검한다. 석공의 우화를 떠올리면서 자기 능력보다 한두 단계 높은 수준의 목표를 설정해야 동기부여가 되고 실력도 키울 수 있다.

에드윈 로크와 피터 드러커가 만든 이론으로 목표를 설정하고 관리하는 것으로 끝이 아니다. 로버트 하우스의 경로-목표 이론 Path-goal theory이 남았다. 경로-목표 이론은 리더의 역할이 중요하다. 리더는 상황에 따라 목표를 달성하는 경로를 제시해서 목표 달성을 도와준다. 로버트 하우스는 조직 구성원으로서 개인의 동기부여가 행동 양식을 결정한다는 기대 이론 Expectancy theory에 기초해서 경로-목표 이론을 만들었다. 경로-목표 이론에 따르면, 구성원은 목표 달성에 도움을 주는 리더의 영향력을 수용한다. 리더의 영향력에 따라 구성원은 동기를 유발하여 목표 달성을 위해 노력하고 그 결과 일에 대한 만족도는 상승하고 좋은 성과를 얻는다. 경로-목표 유형에서 리더의 영향력, 즉 리더십을 네 가지로 구분한다.

경로-목표 유형의 네 가지 리더십

구분	리더십	내용
지시적 리더십	조직화, 규칙 설정, 감독, 통제 등	구체적인 지침과 표준에 따라 구성원이 할 일을 지시하고 일정에 따라 직무를 할당한다.
후원적 리더십	친절, 배려, 복지 등	구성원과 원만한 인간관계를 형성하고 동료처럼 대하며 일을 즐겁게 느끼도록 후원한다.
참여적 리더십	협의, 의견, 제안 등	구성원에게 의견을 묻고 제안하도록 만든다. 구성원과 정보를 공유하며 의사결정 과정에 참여시킨다. 참여 욕구가 높은 조직에서 긍정적인 결과를 가져온다.
성취지향적 리더십	도전, 고성과 지향, 목표 달성 강조 등	도전적인 목표 수준을 설정하고 일하는 환경을 개선하여 성과를 개선하도록 돕는다. 신뢰를 바탕으로 구성원이 능력을 발휘하도록 만든다.

로버트 하우스의 경로-목표 이론은 변수가 많다. 과업특성, 구성원의 직무능력·교육수준·상호 관계·욕구, 리더의 통제 수준, 관리자의 공식 권한, 작업 환경의 변화 등이 주요 변수다. 강한 리더십으로 조직을 이끄는 유형은 지식적 리더십·성취지향적 리더십이다. 반면, 구성원과 의사소통하며 부족한 부분을 충족시켜서 능력을 발휘하도록 만드는 유형은 후원적 리더십·참여적 리

더십이다.

시바 료타로가 쓴 《대망》에서 울지 않는 새를 보고 오다 노부나가, 도요토미 히데요시, 도쿠가와 이에야스는 서로 다르게 이야기한다. 노부나가는 "울지 않는 새는 베어 버린다" 히데요시는 "울지 않는 새는 울게 만든다" 도쿠가와 이에야스는 "울지 않는 새는 울 때까지 기다린다"라고 했다. 세 사람의 이야기를 경로-목표 이론에 적용하면 다음과 같다.

- 울지 않는 새는 베어버린다 : 목표 달성에 도움이 되지 않는 요소는 버린다.
- 울지 않는 새는 울게 만든다 : 목표를 달성하는 데 필요하다면, 무엇이든 이용한다.
- 울지 않는 새는 울 때까지 기다린다 : 목표 달성을 위해 인내와 절제한다.

세 사람은 같은 목표를 정했다. 하지만 목표에 도달하는 방법이 다르다. 경로-목표 이론도 마찬가지다. 목표를 달성하려면 상황과 구성원, 시대에 따라 다른 리더십을 발휘하며 목표에 도달하는 방법을 찾아야 한다. 로버트 하우스는 1996년에 경로-목표 이론을 개정^{Reformed path-goal theory}했다. 이전에 제시한 리더십을 상황에 따라 리더의 역할과 구성원의 영향으로 나눠서 설명했다.[14]

네 가지 상황별 리더십이 향하는 목표는 하나다. 구성원의 노력을 끌어내고 성과와 만족도를 높이는 것이다. 기업에 적용하기 위해 고안한 경영관리 이론을 이제는 자기관리에 적용한다.

로버트 하우스의 상황별 경로-목표 이론

상황	바람직한 리더의 역할	구성원의 영향	결과
구성원의 자신감 결여	후원적 리더십	목표 달성을 위한 자신감 증가	동기유발, 직무 만족도·성과 향상
업무 영역이 모호한 상태	지시적 리더십	보상에 이르는 경로 설정	
너무 쉬운 직무로 권태로운 상태	성취 지향적 리더십	높은 수준의 목표 제시	
보상체계가 부적절한 상태	참여적 리더십	구성원의 능력에 맞는 직무 설계	

예를 들면, 목표 달성을 위해 노력하다가 자신감이 떨어지면 자신에게 후원적 리더십을 발휘한다. 즐기며 일하는 방법을 찾거나 재충전을 위한 휴식을 취한다. 노력을 잠시 멈추고 중간 점검을 하며 자신에게 보상한다.

기업·조직에서 높은 성과를 창출하기 위해 만든 도구를 개인 상황에 맞게 응용할 수 있다. 자본, 정보, 인력 등을 관리하여 효율적이면서 효과적으로 목표를 달성하는 도구로 발전시켜 사용하면 조직·개인의 목표를 달성하는 데 틀림없이 도움이 된다.

우선순위를 정하는 이론과 실천 사항

 모든 일에는 절차와 순서가 있다. 목표·계획 수립을 도와주는 이론을 섭렵하고 그대로 적용해도 일을 하는 과정에 급한 일, 중요한 일, 예상하지 못한 일이 계속 생긴다. 계획에 없던 일이 생기면 상황에 맞게 일의 순서를 다시 정한다. 일의 중요도에 따라 우선순위를 정하고 먼저 할 일, 나중에 할 일을 순서대로 처리하는 것은 말처럼 쉽지 않다. 우선순위를 관리하고 지키는 것은 대단한 능력이다.
 일의 순서를 정하고 지키는 게 무슨 능력이냐고 묻는 사람이 있는데, 개인·기업이 목표를 달성하지 못하는 가장 큰 원인이 일을 순서대로 처리하지 못해서다. 과거에 목표를 정하고 달성하지 못한 이유는 급한 일 때문에 중요한 일을 포기하거나 뒤로 미뤄두었기 때문이다.

급한 일에 매달리다가 정작 하려고 했던 일을 못 했던 기억이 있다. 급한 일이 생기면 그 일을 얼른 끝내고 하던 일을 하기로 마음먹는다. 하지만 급한 일은 하나로 끝나지 않는다. 계속해서 꼬리에 꼬리를 물고 급한 일, 예상하지 못한 일이 생긴다. 처음에 계획했던 일의 순서는 이미 바뀌었고 먼저 할 일, 나중에 할 일은 기억에서 사라진다.

치약으로 유명한 펩소던트의 경영자 찰스 러크먼은 일의 순서가 얼마나 중요한지 알려주는 인물이다. 찰스 러크먼은 펩소던트에 입사한지 12년 만에 최고 연봉을 받는 경영자가 되었다. 학력이 낮고 물려받은 재산도 없는 그가 기업 경영자가 된 비결을 묻는 사람이 많았다. 그는 경영자가 된 비결을 매일 아침에 일의 순서를 정하고 그대로 실천한 것이라고 했다. 새벽 5시에 일어나서 하루 동안 할 일을 계획했다. 가장 중요한 일을 우선순위에 놓고 계획대로 그 일부터 했다.

자기가 세운 계획대로 일하는 사람은 별로 없다. 머리로는 중요한 일부터 해야 한다고 알고 있다. 하지만 모든 일을 중요도에 따라 처리하는 것은 아니다. 급한 일이 생겨도 계획대로 중요한 일을 먼저 처리하는 원칙을 지켜야 한다. 극작가 조지 버나드 쇼는 우선순위 법칙을 엄격하게 지켰다. 우선순위가 가장 높은 일은 글쓰기였고, 그의 계획은 매일 5페이지씩 글을 쓰는 것이었다. 9년 동안 매일 5페이지씩 글을 썼다. 하지만 9년 동안 그의 소득은 30달러였다. 그래도 계속 글을 썼고 세계적인 작가가 됐다.[15]

찰스 러크먼, 버나드쇼는 역사에 남을만한 인물이어서 우선순위를 정하고 그대로 실천하는 게 가능했다고 생각하는 독자가 있을 것이다. 시간 관리 전문가는 우선순위를 정하고 그대로 실천하라고 한결같이 말한다. 하지만 계획대로 실천하는 것은 매우 어렵다. 우선순위를 정하는 것보다 더 중요한 것은 우선순위 관리와 실천이다. 다시 말해서, 어떤 일이 갑자기 튀어나오면 그 일을 계획에 끼워 넣고 모든 일의 우선순위를 다시 배열한다. 이것이 우선순위 관리다. 우선순위 관리에는 시간·일을 관리하는 기술 외에 심리적인 요인을 통제하는 것까지 포함된다.

사람마다 일의 우선순위를 정하는 기준이 있다. 일반적으로 우선순위 상위에 배치하는 일은 급한 일, 중요한 일, 잘하는 일, 숙달된 일, 겉으로 드러나는 일, 할당받은 일^{강제로 해야 하는 일}이다. 이와 반대되는 일은 덜 급한 일^{미뤄도 되는 일}, 못 하는 일, 숙달되지 않은 일, 겉으로 드러나지 않는 일, 자율적으로 하는 일은 우선순위에서 하위에 배치한다. 이 밖에 우선순위 하위로 미루는 일은 같은 동작을 반복하는 일, 처음 하는 일, 일상적인 일 등이다.

우선순위 상위·하위의 일

우선순위 상위의 일	우선순위 하위의 일
급한 일 중요한 일 잘하는 일 숙달된 일 겉으로 드러나는 일 할당받은 일(강제로 해야 하는 일)	덜 급한 일(미뤄도 되는 일) 덜 중요한 일 못 하는 일 숙달되지 않은 일 겉으로 드러나지 않는 일 자율적으로 하는 일 같은 동작을 반복하는 일 처음 하는 일(계획을 세워서 하는 일) 일상적인 일

특별한 경우가 아니면 대부분 이 기준에 따라 우선순위를 나눈다. 도전정신이 강한 사람은 못 하는 일, 숙달되지 않은 일, 처음 하는 일을 먼저 한다. 계획을 세우고 그대로 실천하다가 문제가 생기는 순간이 찾아온다. 우선순위 상위의 일 중에서 두 가지를 비슷한 시기에 끝내야 할 때다. 우선순위 상위의 두 가지 이상의 일이 서로 겹쳤을 때 우선순위에 혼란이 생긴다. 중요한 일을 하는 사이에 시시각각 급한 일이 생긴다. 급한 일에 매달리면 처음에 계획을 세울 때 급하지 않았던 일도 급한 일이 된다.

우선순위가 뒤엉키는 상황에서 원칙과 관리가 필요하다. 나는 우선순위를 관리하는 원칙으로 '큰 돌멩이 법칙^{Big rocks's productivity Jar}'을 적용한다. 큰 돌멩이 법칙은 스티븐 코비가 생산성을 높이는 전략적 목표를 큰 돌멩이에 비유하면서 유명해졌다.

큰 돌멩이 법칙

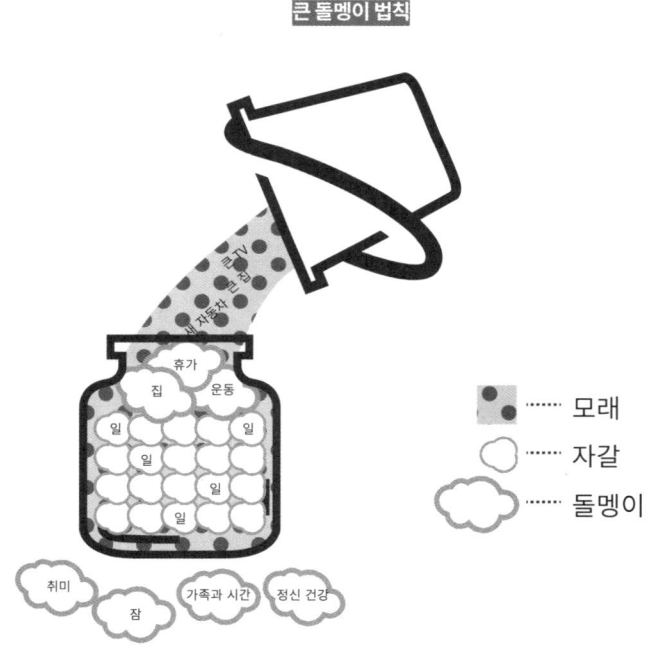

큰 돌멩이와 자갈, 모래를 항아리에 담는 순서가 이 법칙의 핵심이다. 모래부터 넣고 자갈, 큰 돌멩이 순서로 넣으면 항아리에 돌멩이, 자갈, 모래를 다 넣지 못한다. 큰 돌멩이를 먼저 넣고 자갈, 모래 순서로 넣으면 자갈과 큰 돌멩이 사이에 모래가 흘러 들

어가서 항아리에 모두 담을 수 있다.

큰 돌멩이는 인생에서 집중하는 목표와 그 목표를 이루기 위해서 할 일이다. 인생 전반에 달성해야 하는 목표는 달성하는 시간이 많은 것 같지만, 목표의 크기를 생각하면 목표를 이루기 위해서 노력할 시간이 충분하지 않다.

건강, 가족, 취미와 관련 있는 일과 목표는 가치를 따지면 큰 돌멩이다. 하지만 많은 사람이 직장·사업과 경제 활동을 큰 돌멩이로 분류한다. 스티븐 코비는 더 큰 집, 새 자동차, 더 많은 수입 등은 항아리 마지막에 담는 모래에 비유했다.

일반적으로 중요하게 생각하는 일이 인생 전반에 걸쳐서 바라보면 가치가 크지 않을 때가 종종 있다.

스티븐 코비는 《소중한 것을 먼저 하라》에서 우선순위 매트릭스를 그려서 중요한 일과 급한 일을 분류하는 방법을 설명했다.

스티븐 코비의 우선순위 매트릭스

구분	급한 일	급하지 않은 일
중요한 일	I 생존과 관련된 일 위기상황의 문제 해결	II 가치 있는 일 장기 계획, 가치관 및 비전 확립
덜 중요한 일	III 중요하지 않지만 급하다고 생각하는 일 불필요한 보고 및 회의, SNS 메시지	IV 시간을 낭비하는 일 생산성(일의 가치)과 무관한 일

3 목표 달성에 도움이 되는 이론

계획을 세워서 실천하는 사람은 중요하고 급한 일부터 처리한다. 그런데 중요하고 급한 일이 실제로 그렇게 중요하지 않은 일이라면 어떻게 될까? 많은 사람이 급한 일과 중요한 일을 우선순위에서 상위에 배치하고 그 일이 정말 중요하다고 생각하지만 실제로는 그렇지 않은 경우가 많다. 만약 우선순위를 잘못 정했다면 하지 않아도 되는 일에 지나치게 큰 노력과 시간을 들이게 된다.

급하지 않지만 중요한 일[영역의 일]은 미루는 사람이 많다. 하지만 여기에 속한 일이 실제로는 가치 있는 일이다. 우선순위 매트릭스에 할 일을 넣어보면 급하면서 중요한 일, 급하지 않지만 중요한 일을 구분할 수 있다. 기억할 것은 중요도와 긴급성을 기준으로 일의 우선순위를 구분해도 시간 관리에 성공하지 못하고 예상한 기한까지 목표를 달성하기 어렵다.

큰 돌멩이 법칙은 계획과 목표 달성에 순서가 있고 가장 중요한 일[큰 돌멩이 넣기]부터 시작하지 않으면 궁극적인 목표를 이룰 수 없다는 의미를 담고 있다. 급한 일이 큰 돌멩이처럼 중요한 일이면 괜찮지만 실제로는 중요하지 않은데 급하다는 이유로 우선순위 상위에 넣으면 중요한 일은 계속 뒤로 밀린다. 중요한 일과 급한 일을 제대로 구분하지 못하면 스티븐 코비의 우선순위 매트릭스는 무용지물이 된다. 할 일을 우선순위 매트릭스에 넣어서 분류할 때 중요도와 긴급성이 비슷해서 우열을 가리기 어려울 때가 많다.

나는 할 일이 생각날 때마다 다이어리에 적는다. 다이어리에 적은 할 일을 보면서 할 일 목록을 만든다. 할 일 목록에 적은 일은 대부분 중요하고 긴급하다. 나만 이러는 게 아니다. 할 일 목록을 만드는 사람은 누구나 마찬가지다. 우선순위 매트릭스에 할 일을 분류해서 넣으면 1사분면이 제일 먼저 가득 찬다. 내 경험에 따르면, 주관적인 관점에서 할 일 목록에 덜 중요한 일, 시간을 낭비하는 일을 넣어본 적이 없다. 객관적으로 보면 내가 중요하다고 생각한 일이 실제로는 중요하지도, 급하지도 않은 일이 될 수도 있다. 하지만 할 일 목록에 적은 일을 하는 주체가 '나'이기 때문에 우선순위 상위에 배치한 일도 내가 기준이 된다. 문제는 긴급하면서 중요한 I 영역의 일이 예상한 기한에 끝나지 않는 것이다. 오늘 다이어리에 적은 할 일이 다음 날 할 일 목록에 또다시 나타난다. 할 일이 완료돼서 사라지지 않고 긴급한 일이 된다. 중요하지만 급하지 않은 일도 시간이 지나면 중요하고 급한 일이 된다.

중요하지 않아서 미뤄둔 일도 며칠 지나면 급한 일이 된다. 결국, 긴급한 일이 될 때까지 II, III, IV 영역의 일을 계속 미룬다. 시간이 지나면 IV 영역에 적은 일을 제외하고 나머지 일이 모두 중요하고 급한 일이 된다.

내가 월간지 취재기자로 일하던 시절에는 기획 회의를 하고 각각의 분야를 담당하는 기자에게 취재·기획기사를 할당했다. 화제의 인물 인터뷰, 탐방 기사는 원고를 쓰는 시간은 오래 걸리지 않았지만, 인물과 기업, 단체를 섭외하는 시간이 필요했다. 신상품·서비스를 소개하는 단신 기사는 취재원에게 받은 자료, 특허, 상표권, 시험성적서 등 자료를 취합해서 성능과 특징 등을 확인한 후에 기사를 쓸 수 있었다. 기획 회의를 하는 동안 취재원을 찾고 시기적절한 내용으로 구성하는 건 쉽지 않았다. 미리 취재하고 쓸 수 있는 기사는 거의 없었다. 다음 달 마감까지 4주의 시간이 있어도 오롯이 취재와 원고 작성에 쓸 수 있는 시간은 열흘 정도였다. 그래서 매달 마감 기한에 맞추기 위해서 야근과 철야를 했다.

기자로 일하는 동안, 나는 할 일 목록을 쓰고 우선순위를 정하는 것보다 그 일을 실제로 하는 게 중요하다는 사실을 깨달았다. 중요한 일, 긴급한 일을 나누고 우선순위를 정하는 것만큼 실천이 중요하다. 중요한 일에 얼마나 많은 시간을 쓰고 실제로 그 일에 투입한 노력의 양과 질에 비례해서 생산성과 완성도가 향상된다.

스티븐 코비는 큰 돌멩이를 중요한 일에 비유해서 생산성을 높이는 방법을 설명했다. 큰 돌멩이 법칙은 중요한 일에 시간을 더 할애하는 것이다. 그리고 실제로 그 일을 실천하는 계획이 중요하다. 더 많은 일을 하기 위해서 우선순위를 정하는 게 아니다. 적은 시간을 들여서 최대의 성과를 얻고 생산성을 높이기 위해서 우선순위를 정한다.

할 일 목록에서 생산성이 높은 일을 하나만 완료해도 그 일이 가장 중요하고 급한 일이라면 덜 중요한 일, 시간을 낭비하는 일을 하느라 시간을 보내는 것보다 낫다.

II 영역에 넣은 계획을 세우는 일은 급하지 않지만 중요하다. 큰 돌멩이 법칙에 따라 객관적인 관점에서 우선순위를 정했다면 우선순위에서 제일 첫 번째 있는 일만 끝내도 생산성은 이미 높은 상태다.

목표 달성을 위한 시간 관리에서 급한 일과 중요한 일로 구분하고 일의 우선순위에 따라 중요한 일에 더 많은 시간을 할애하는 건 바람직하다. 스티븐 코비, 브라이언 트레이시가 권하는 방법은 여전히 효과가 있다. 전통적인 방법론을 적용해서 목표를 달성하려면 구체적인 목표와 계획이 필요하다. 한 번에 한 가지 일을 끝내는 '단순시간성^{monochronicity}'을 따라야 한다.

최근에는 여러 가지 업무를 동시에 해야 하고 갑자기 생기는 일까지 처리하는 환경, 즉 '복합시간성^{ploychronicity}'을 따른다. 복합시간성은 전통적인 목표 달성 이론과 정면으로 대치된다. 시간 효율을 높이는 핵심 요소가 바뀐 이유는 목표를 달성하는 환경 변화 때문이다. 과거에는 목표와 계획이 있으면 시간을 관리할 수 있었다.

지금은 시간 관리에 필요한 요소가 하나 더 추가되었다. 그것은 정보와 지식이다. 전략적으로 중요하다고 생각한 일이 오늘 아침에 입수한 정보로 인해서 덜 중요한 일이나 안해도 되는 일로 바뀐다. 실시간으로 들어오는 정보와 지식을 해석하고 그것을 이용하는 방법에 따라 목표를 더 빠르게, 더 효과적으로 달성할 수 있다.

목표 달성에 어떤 이론을 적용하든지 우선순위 상위의 일을 관리하고 그 일을 끝내는 게 최우선 과제라는 사실은 변하지 않는다.

일주일마다 목표를 달성하는 방법

목표를 달성하는 이유를
먼저 생각한다

목표를 달성하기 위해 필요한 요소는 목표, 계획, 열정이다.

첫 번째 요소는 목표다. '무엇을 하겠다' '무엇이 되겠다' '어떤 상태로 만들겠다' 등이 목표다. 목표는 육하원칙에 따라 논리적으로, SMART 원칙에 따라 구체적으로 정한다.

두 번째 요소는 계획이다. 계획은 목표 달성을 위한 과정과 방법, 실천하는 순서를 명시하는 것이며 무엇을 언제까지 어떻게 할 것인지 정하는 일이다. 계획을 세우는 단계는 목표를 왜 달성해야 하는지, 그 일을 왜 해야 하는지에 관한 고민이 끝난 상태다.

목표를 신중하게 정하는 이유가 여기에 있다. 계획대로 하다가 뜻대로 안 되면 목표를 바꾸는데, 이것은 목표를 제대로 정하지 못해서 그렇다. 육하원칙과 SMART 원칙에 따라서 논리적이고 구체적인 목표를 정하면, 계획대로 실천하다가 도중에 목표를 바꾸는 일은 줄어든다.

세 번째 요소는 열정이다. 계획대로 실천하려면 열정이 필요하다. 하고 싶은 일, 좋아하는 것, 잘하는 것을 목표로 정하면 어떤 상황에서든지 계획을 실천하려고 한다. 열정은 계획을 실천하게 만드는 점화장치와 같다. 문제가 발생했을 때, 계획대로 안 될 때, 실패했을 때 다시 도전하려면 열정은 필수다.

목표가 구체적이고 할 일, 실천하는 순서^{계획}가 명확하면 바로 시작할 수 있다. 그럼에도 불구하고, 많은 사람이 목표를 달성하지 못하는 이유는 목표를 왜 달성해야 하는지 모르고 목표를 달성하는 방법과 할 일이 분명하지 않기 때문이다. 조직의 리더는 열정을 강조하면서 구성원에게 동기를 부여하지만, 조직의 목표와 개인의 목표가 일치하지 않고 할 일이 목표 달성에 도움이 되는지 알 수 없어서 동기가 부여되지 않는다. 목표를 달성해야 하는 이유를 명확히 알고 원하는 것을 목표로 정해야 동기와 열정이 제 기능을 한다.

목표를 달성하려면 동기와 열정이 모두 필요하다. 동기를 유발하려면, 목표를 달성하는 이유^{why}와 방법^{how}, 할 일^{what}, 이 세 가지를 진지하게 고민해야 한다. 이유, 방법, 할 일을 순서대로 생각하면 목표 달성을 위한 동기가 생긴다.

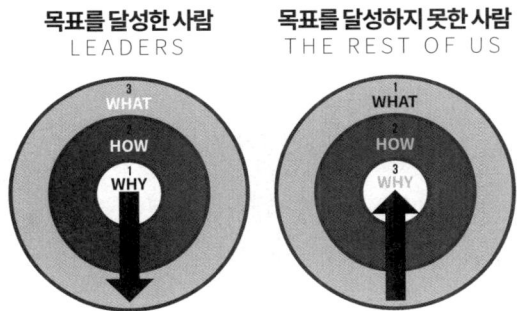

출처 : 사이먼 사이넥 지음, 《나는 왜 이 일을 하는가》

사이먼 사이넥은 《나는 왜 이 일을 하는가》에서 성취를 만들어내는 일의 작동원리를 설명했다. 그는 모든 것은 '왜?'라는 질문에서 시작된다고 했다.[1]

목표를 이룬 사람은 Why^{왜}를 먼저 생각한다. 다음으로 How^{방법}, 마지막으로 What$^{할 일}$을 생각한다. 목표와 계획을 정하고 꾸준히 실천해도 목표를 이루지 못하는 사람은 What부터 생각한다. 그런 다음 How, 마지막으로 Why를 생각한다. 이것을 그림으로 나타낸 것이 사이먼 사이넥의 골든 서클이다.

영국의 소설가 루디야드 키플링은 "나는 여섯 명의 충직한 하인을 거느리고 있다. 그들의 이름은 무엇, 왜, 언제, 어디서, 어떻게, 누가다."라고 했다.

이 말은 계획을 논리적으로 세우라는 뜻이다. 육하원칙에 따라 계획을 세우면 목표에 도달하는데 필요한 로드맵과 교통수단까지 얻는다. 육하원칙은 5W1H(What, Who, Where, When, Why, How)다. 계획과 실행의 주체가 자신이라면 Who는 정해졌다. 시험일, 면접일, 프로젝트 종료일처럼 마감일이 정해졌다면 When도 정해졌다. Where는 계획을 실행할 장소다. 발로 뛰며 일하는 직업이 아니면 계획을 실천하는 장소는 한두 곳으로 한정된다.

육하원칙에서 진지하게 고민할 것은 사이먼 사이넥이 골든 서클에서 제시한 Why, How, What이다. 고민하는 순서가 중요하다. 반드시 Why-What-How 순서로 생각해야 한다.

제일 중요한 것이 Why, 즉 목표를 달성하는 이유다. 누가 시켜서 하는 일, 다른 사람이 목표를 정해주는 경우에는 열정이나 동기를 이끌어내기 어렵다. 주변 사람이 목표를 달성한 모습이 좋아 보여서 모델로 삼고 따라하는 것도 좋은 방법은 아니다. 이렇게 따라하면 노력을 꾸준히 이어가기 어렵다. 왜 그 일을 해야 하는지, 달성했을 때 얻는 결과, 달성하지 못하면 어떤 일이 일어나는지 스스로 질문하고 대답하면서 목표 달성의 이유를 명확히 해야 강한 동기가 생긴다.

Why에 대한 답을 찾았다면 How를 생각한다. How는 목표를 달성하는 방법이다. 방법은 생각을 거듭하면서 치밀해진다. 목표를 달성하는 방법은 구체적이어야 한다. 많은 사람이 '부자가 된다' '다이어트를 한다'라는 목표를 정한다. 이런 목표는 달성하기 어렵다. 목표를 달성하는 과정을 측정할 수 없기 때문이다. 목표를 달성하는 구체적인 방법은 '매달 얼마씩 저축하기' '하루 1시간 운동과 식사량 줄이기'다. 이것보다 더 구체적으로 방법을 정하고 실천하면 부자가 되고 다이어트에 성공하는 사람이 훨씬 늘어날 것이다.

구체적인 방법을 정했다면 마지막으로 What을 생각한다. What은 목표 달성을 위해서 할 일이다. How를 먼저 생각하고 그다음에 What을 고민하는 게 조금 생소할 수도 있다. 할 일^{What}을 생각해야 어떻게^{How}를 고민할 수 있을 것 같은데, 골든 서클은 What을 마지막에 생각하라고 권한다. 앞에서 예로 든 목표, '부자가 된다' '다이어트를 한다'는 What이다. What은 결과다. 돈을 모으고 건강한 몸을 만드는 것은 Why의 해답이 아니다. '왜'에는 목표를 이루어야 하는 이유, 동기, 열정이 들어 있다.

자기가 정한 목표를 이루어야 하는 이유를 반드시 알아야 한다. 사이먼 사이넥은 애플, 라이트 형제, 마틴 루터 킹의 사례를 들어서 Why-How-What 순서로 생각하는 방법을 설명한다. 보통은 What-How-Why 순서로 생각한다. 일반적인 컴퓨터 제조사에서 고객에게 전달하는 메시지는 What-How-Why 순서다. "우리는 고성능의 컴퓨터를 만들었습니다. 화려한 디자인, 편리한 사용성, 사용자에 최적화된 기능을 제공합니다."

마케팅, 세일즈 등 거의 모든 커뮤니케이션이 이런 순서로 이루어진다. 내가 가진 것과 장점^{What}을 전달하고 그것이 효과를 내는 작동 방식^{How}을 소개한다. 제품, 기업 소개뿐만 아니라 선거에 출마한 후보자를 소개하는 방식도 비슷하다.

애플의 마케팅 메시지는 보통의 커뮤니케이션과 다르다. "애플이 하는 모든 일은 현실에 도전하는 것입니다. 우리는 '다르게 생각하기'의 가치를 믿습니다. 애플이 현실에 도전하는 방식은 모든 제품을 화려한 디자인, 편리한 사용, 사용자에 최적화된 기능을 제공하도록 만드는 것입니다. 그렇게 애플 컴퓨터가 탄생했습니다."

애플이 전하는 메시지는 "Think Different", 우리말로 "다르게 생각하기"이다. 전달하는 메시지의 순서만 다르다. 보통의 컴퓨터 제조사와 애플의 목표는 같다. 상품, 즉 컴퓨터를 많이 판매하는 것이다. 메시지를 전달하는 순서만 바꿨는데 애플은 매니아가 생겼고 경쟁사는 그렇지 않았다. 소비자는 컴퓨터의 장점^{What}이 아니라 왜 그것을 사야 하는지 이유^{Why}를 보고 구입한다. 아이폰을 소개할 때, 애플이 전달한 메시지는 Why-How-What 순서다. 아이폰이 경쟁사의 스마트폰과 다를 건 없다. 경쟁사는 기능이 비슷하거나 오히려 더 나은 상품을 출시했지만 애플보다 늘 뒤처졌다.

애플에서 만든 컴퓨터, 스마트폰을 구입하는 고객은 '무엇'이 아니라 '왜'를 더 중요하게 생각한 것이다. 사이먼 사이넥은 이런 고객의 성향을 생물학적으로 분석했다. 심리학이 아니라 생물학적으로 분석했다는 게 중요하다. 인간의 뇌가 생각하는 순서는 골든 서클과 같다. 뇌의 가장자리에 위치한 신피질은 이성과 분석적 사고, 언어를 담당한다. 안쪽으로 들어가면 방법과 이유를 담당하는 변연계가 나온다. 변연계는 동기와 열정 등의 감정을 담당한다. 변연계는 행동과 의사결정을 관장하지만 이성적인 사고와 언어 기능은 없다.

앞에서 예로 든 보통의 컴퓨터 제조사처럼 What-How-Why 순서로 특징, 장점, 기능 등의 정보를 그럴듯한 말로 포장해서 메시지를 전달하면 이성적·분석적 사고를 담당하는 신피질을 자극해서 이해시킬 수는 있다. 하지만 행동하게 만들지는 못한다. 애플처럼 Why부터 전달하면 언어로는 이해할 수 없지만 행동하도록 만드는 영역을 먼저 자극한다. 그런 다음 이성적·분석적 사고를 담당하는 신피질 영역을 납득하게 만드는 근거를 메시지에 담는다. 이것이 바로 '직관에 의한 결정'이다.

머리로는 이해하는데 실천하지 않는 것, 즉 달성하지 못한 목표는 대부분 What-How-Why 순서로 메시지를 전달했다. 이성적으로 납득이 되지만 마음으로는 왠지 실천하기가 싫다. 실천하게 만드는 것은 이성적인 메시지가 아니라 감정을 관장하는 변연계다. 다시 말해서, 감정적으로 동기를 부여해서 실천하도록 만들어야 한다. 부자가 된다는 목표 달성을 위해서 할 일이 저축과 투자라는 걸 알지만 '왜' 해야 하는지, 감정적으로 설득하지 못하면 저축과 투자를 실천하지 못하고 결국, '부자가 된다'는 목표는 흐지부지된다.

조직의 리더가 구성원에게 열정을 강조해도 동기를 부여하지 못하는 이유도 마찬가지다. 처음에 '왜'를 설명하지 않으면 동기가 생기지 않는다. What-How-Why 순서로 메시지를 전달하면 구성원은 단지 급여를 받기 위해서 일한다. 반면, Why-How-What 순서로 메시지를 전달하면 구성원은 목표를 달성한다는 신념과 열정을 갖고 일한다.

열정이 동기부여로 이어져서 성공한 사례는 라이트 형제다. 모든 조건을 갖추고도 실패한 사례는 새뮤얼 피어폰 랭리다. 비행기를 발명한지 100년이 더 지난 지금 새뮤얼 피어폰 랭리를 기억하는 사람은 거의 없다. 다음 표에 라이트 형제와 새무얼 피어폰 랭리가 한창 비행기를 개발하던 상황을 정리했다.

	라이트 형제	새뮤얼 피어폰 랭리
약력	자전거 수리점 경영자	하버드 대학 교수, 스미소니언 회원
성공의 레시피	없음	있음
자금력	제한적(자전거 수리점 수익 중 일부)	풍부함(5만 달러 이상)
인력	대졸자 없음, 대부분 학력이 낮고 비행기 개발에 부적합한 인력	비행기 개발에 적합한 최고의 인력
시장 상황	비우호적	매우 우호적
홍보	취재한 매체 없음 세계 최초로 비행에 성공한 날에도 취재는 없었음	뉴욕 타임즈 취재진은 비행기 개발 연구 과정을 밀착 취재
동력	'왜'에 집중 자신들이 만든 비행기가 세상을 바꿔놓을 거라는 신념	'무엇' '어떻게'에 집중 부자가 되려는 욕망, 유명해지고 싶은 바람을 추구

라이트 형제는 자전거 수리점을 운영하며 비행기를 만들기 위해서 노력했다. 학력이 낮고 이론적 바탕도 없었지만 기계를 다뤄 본 경험에 기초해서 비행기 개발에 몰두했다. 반면, 새뮤얼 피어폰 랭리는 천문학자이자 물리학자로 당대에 이름을 널리 알렸다. 대학에서 물리학과 천문학을 가르쳤고 다양한 분야의 연구를 관장하는 스미소니언 협회 회장도 역임했다. 그는 1896년에 최초로 동력 비행기를 제작했지만 실제로 하늘을 날지 못했다. 정부에서 자금을 지원받았고 최고의 전문가를 모아서 팀을 만들어 비행기를 개발했다. 미국 육군에서는 비행기 개발을 지원했고 새무얼 피어폰 랭리의 이름을 따서 랭글리 비행장까지 만들어주었다. 비행에 성공할 것으로 예상한 뉴욕 타임스와 수많은 매체에서 그의 연구를 취재했다.

일반적으로 신상품 개발에 실패한 이유 또는 사업에서 실패의 원인을 자금 부족, 전문 지식이 부족한 인력, 비우호적인 시장 상황 등에서 찾는다. 새뮤얼 피어폰 랭리는 실패의 원인과 거리가 멀었다. 자금, 인력, 시장 상황 모두 그의 편이었다. 반면, 라이트 형제는 일반적으로 생각하는 실패의 원인을 모두 갖고 있었다. 모든 것을 가진 새뮤얼 피어폰 랭리와 다른 점은 비행기 개발에 대한 열정이다. 열정 덕분에 라이트 형제는 1903년에 동력 비행에 성공하고 2년 뒤에 조정이 가능한 고정익 항공기를 개발했다.

실제 비행에 성공한 라이트 형제와 비행기 개발에 실패한 새뮤얼 피어폰 랭리의 차이를 Why와 What에서 찾을 수 있다. 라이트 형제의 목표는 비행기를 만드는 것이었다. 하지만 새뮤얼 피어폰 랭리는 부자가 되는 게 목표였다. 그는 부자가 되기 위해서 비행기 개발을 선택했다. 비행기 개발은 라이트 형제에게 전부였지만 새뮤얼 피어폰 랭리에게는 부자가 되기 위한 여러 가지 수단 가운데 하나였다.

사이먼 사이넥은 라이트 형제가 비행기 개발에 성공한 원인을 열정에서 찾았다. 라이트 형제는 비행기를 개발하는 과정에서 수없이 실패했지만 열정이 있었기에 다시 도전했다. 반면 새뮤얼 피어폰 랭리는 라이트 형제가 비행에 성공하자마자 비행기 개발을 포기했다. 자금, 인력, 시장 상황이 모두 그의 편이었기 때문에 라이트 형제가 비행에 성공한 원리를 응용해서 더 나은 비행기를 개발할 수도 있었지만 열정도 동기도 없었기 때문에 바로 포기한 것이다.

노력의 양과 능력, 모든 조건이 비슷한 상황에서 어떤 사람은 목표를 달성하고 어떤 사람은 목표를 달성하지 못한다. 목표 달성과 실패를 가르는 원인은 '열정'에 있다. 목표를 달성해야 하는 이유가 명확하면 열정이 생긴다. 열정은 어려운 목표를 달성하게 만드는 에너지로 작용한다.

목표를 달성하는 의식

　모든 사람은 하루를 시작하는 자기만의 '의식^{ritual}'이 있다. 어떤 사람은 잠에서 깨자마자 스트레칭을 하고 또 어떤 사람은 찬물을 마신다. 이렇게 하루를 시작하는 의식이 행동으로 나타나기도 하고 특정한 마음가짐이 의식이 되기도 한다. 일 또는 공부를 시작할 때, 무의식적으로 특정 행동을 하는 사람이 있다. 직장인은 주로 커피나 차를 마시고 학생은 책상을 정리한다. 다수의 학생과 직장인은 일을 하기 전에 할 일 목록을 적는다. 이런 행동을 의식이라고 생각하지 않아도 일·공부를 시작하기 전에 특정 행동을 한다면 그것은 '의식'이다.

  일·공부를 시작하기 전에 자기만의 의식을 만들어서 실천하면 목표를 달성하는 데 도움이 된다. 목표를 달성하는 과정에 하기 싫어도 해야 하는 일이 있다. '할 일 목록'에 적은 일 가운데 대부분은 꼭 해야 하는 일이다. 여기 적은 일은 대부분 하고 싶어서, 즐기면서 하는 일은 아닐 것이다. 세계적인 현대 무용가 트와일라 타프는 《천재들의 창조적 습관》에서 자기만의 시작 의식을 밝혔다. 그녀는 매일 아침 5시 30분에 일어나서 운동복을 입고 집을 나선다. 택시를 타고 연습실에 간다. 연습실에서 매일 아침 2시간 동안 스트레칭과 달리기로 몸을 푼다. 트와일라 타프가 무용 연습을 시작하기 전에 치르는 시작 의식은 무엇일까? 그의 시작 의식은 매일 같은 시간에 일어나는 것이 아니다. 연습실에서 2시간 동안 몸을 푸는 것도 아니다. 그는 택시를 타는 것을 시작 의식이라고 했다. 거창한 시작 의식을 기대한 사람은 택시를 타고 연습실에 가는 게 무슨 시작 의식이냐고 묻는다. 이 질문에 트와일라 타프는 이렇게 말한다.

  "매일 새벽에 잠이 덜 깬 채로 연습실에 가는 것은 유쾌한 일이 아니다. 다른 사람처럼 나도 아침에 눈을 뜨면 운동하기 싫은 날이 많다. 하지만 나의 시작 의식 덕분에 운동을 미루고 누워서 잠에 빠지는 일은 없다."

시작 의식은 뇌에서 의사 결정을 담당하는 전전두엽 피질을 활성화한다. 이성의 뇌라고 부르는 전전두엽은 계획한 대로 행동하게 도와준다. 하지만 감정의 뇌인 대뇌변연계는 늦잠을 자거나 게으른 행동을 하도록 내버려 둔다. 대뇌변연계가 우리 행동에 영향을 주는 순간에 시작하는 의식이 필요하다. 의식을 치르면서 전전두엽 피질은 대뇌변연계의 명령을 차단한다. 그리고 목표를 향해 나아가는 에너지를 활성화한다. 이런 과정을 거쳐서 목표를 향해 전진하는 원리가 작동한다.

어떤 일이든지 시작하는 순간에 상당히 많은 에너지를 사용한다. 시작을 조금이라도 수월하게 하려고 의식을 만들고 습관을 들인다. 운동선수는 자기만의 루틴, 즉 규칙을 만든다. 의식, 규칙, 루틴은 계획한 일을 망설이지 않고 실천하도록 만든다. 무용가 트와일라 타프가 택시를 타고 연습실에 가는 것을 의식으로 정한 것처럼 운동선수는 일상과 경기 중에 여러 가지 규칙을 정해놓고 지킨다. 야구선수 중에는 5회를 마치고 비타민을 먹고 7회 경기 중에 음료를 마시는 선수도 있다. 자기만의 규칙을 만들고 의식처럼 실천하면 심리적인 안정을 느낀다. 어떤 사람은 징크스라고 하지만 그 의식을 치르면 시작하기가 수월하고 일이 잘 된다면 의식을 치르지 않을 이유가 없다.

시작하는 의식을 보고 주변 사람이 징크스 혹은 불필요한 행동이라고 말해도 특정한 행동을 하고 나서 자신감이 생기고 일이 잘 된다면, 목표 달성에 조금이라도 도움이 된다면 무조건 실천해야 한다. 운동선수들이 경기 전에 준비운동을 하면서 헤드폰으로 음악을 듣는 것도 일종의 의식이다. 자기만의 의식을 치르면서 경기를 시뮬레이션한다. 더 나은 기록, 경쟁자를 압도하는 자기 모습을 머릿속에 그리면 잡념이 사라진다. 이것이 시작하는 의식이 가진 효과다.

운동선수가 경기 전에 준비운동을 하면서 정신을 집중하는 것처럼 다양한 분야에서 시작하는 의식을 실천한다. 다도를 시작하기 전에 예법에 따라 차 도구를 정돈하는 것, 서예를 하기 전에 먹을 가는 것도 시작 의식이다. 시작 의식은 겉으로 보기에는 큰 의미가 없지만 어떤 일을 하기 위해서 마음을 가다듬는 효과가 분명히 있다. 시작 의식을 하면서 좋은 결과를 만든다는 자기 암시를 하면 실제로 집중력이 발휘된다.

맥스웰 몰츠는 《성공의 법칙》에 사이코 사이버네틱스 Psycho Cybernetics 이론을 소개했다. 여기에 시작하는 의식이 강력한 효과를 발휘하는 사례가 나온다. 농구팀을 대상으로 연습하기 전에 원하는 것을 머릿속으로 상상하는 '시각화' 실험을 했다. 농구팀을 A팀과 B팀으로 나눠서 A팀은 20일 동안, 늘 하던 대로 매일 슛 연습을 시켰다. 20일 동안 하루도 거르지 않고 슛 연습을 한 A

팀은 연습한 만큼 슛 성공률이 향상되었다. B팀도 20일 동안 매일 슛 연습을 시켰다. A팀과 다른 점은 슛 연습을 하기 전에 자기가 던지는 공이 골대에 정확하게 들어갈 것이라는 확신의 시간을 갖도록 했다. 20일 동안 매일 슛 연습 전에 의식을 치르듯, 20분씩 확신의 시간을 갖고 연습했다. 그 결과 B팀의 슛 성공률은 A팀보다 더 향상되었다.[2]

시작하기 어려운 일, 꼭 해야 하는데 하기 싫은 일이 있다면 시작 의식을 치르면서 그 일을 잘 끝낸다는 자기 암시를 한다. 시작하기 전에 쉽게 실천할 수 있는 행동을 시작 의식으로 만들면 어려운 일을 시작하기가 조금 수월하다. 일단 시작하면 그 일을 하는 게 그렇게 어렵지 않다. 목표 달성에 도움이 되는 일을 계속하게 된다. 맥스웰 몰츠는 이런 현상을 사이코 사이버네틱스 이론이라고 했다. 우리말로 '목표 실현 이론' '목표 자동 달성 장치'로 해석한다.

성공학의 대가 윌리엄 클라멘트 스톤은 이렇게 말했다.

"된다! 그러니 일단 해보라! 망설이지 말고 지금 당장!"

농구팀이 슛 연습하기 전에 슛 성공률을 높인다는 신념과 확신을 갖는 의식은 정확한 슛 동작에 필요한 에너지를 끌어낸다. 그 에너지는 좋은 결과로 나타난다. 공부나 일을 하기 전에 책상을 정리하고 필기도구, 포스트잇, 스테이플러 등을 손에 닿는 위치에 정돈하는 것도 시작 의식이다. 일을 시작하기 전에 커피나 차를 마시는 행동으로 에너지를 끌어낼 수 있다면 어떤 행동이든지 상관없다. 자신감이 생기는 행동이 있다면 그 행동을 일 또는 공부를 시작하는 의식으로 정하고 실천한다. 그러면 마음가짐과 에너지, 실천력 등이 목표를 향한다. 시작 의식은 틀림없이 긍정적인 영향을 준다. 이제부터 당장 자기만의 시작 의식을 만들고 실천하기 바란다.

03

목표에 관해서
긍정적으로 생각한다

　목표에 관해서 자주 생각할수록 목표 달성에 조금씩 가까워진다. 자주 생각만 해도 목표를 달성하는 데 도움이 된다. 신경과학, 심리학 분야의 학자가 연구를 통해서 밝혀낸 것처럼 생각은 현실에 매우 큰 영향을 준다.

　앨라배마대학 윌 하트 교수는 생각과 현실에 관한 실험을 했다. 실험 참가자는 과거에 경험한 긍정적인 사건, 부정적인 사건, 긍정도 부정도 아닌 사건을 기억해서 표현하게 했다. 실험에 참여한 사람은 결론이 나지 않은 사건을 여전히 진행 중인 것으로 묘사했다. 결론이 나지 않은 사건을 긍정적으로 느낀 사람은 잘 될 거라고 믿었지만, 부정적으로 느낀 사람은 잘못될 거라고 예상했다.[3]

실험 참가자가 느낀 대로 사건이 긍정 또는 부정적으로 전개되었는지는 알 수 없다. 사건을 긍정적으로 생각한 사람은 더 적극적으로 대응해서 좋은 결과를 만들려고 노력한다. 반면, 부정적으로 생각한 사람은 결과가 좋지 않을 거라고 예상하고 노력을 멈추거나 소극적으로 행동한다. 자기가 처한 상황, 하고 있는 일을 표현할 때 사용하는 언어에 따라 실제로 결과를 예상하고 실천하는 방식이 달라진다.

나는 긍정의 힘을 강력하게 믿지 않는다. 하지만 내가 하는 일에 대해서 긍정적으로 생각해야 자신감이 생기고 효율과 생산성이 향상된다는 사실을 경험으로 터득했다. 결과가 기대에 못미쳐도, 목표 달성에 실패해도 긍정적으로 생각하면 노하우를 더 많이 얻는다. 이전에 목표 달성에 실패해서 얻은 노하우는 다시 목표에 도전할 때 밑거름이 된다. 반대의 경우, 부정적인 생각도 현실이 된다. 부정적으로 생각하면 노력을 시작하기도 전에 하기 싫은 기분이 든다. 어차피 실패할 거라서 노력할 필요가 없다고 생각하면 무기력해진다. 부정적인 생각과 무기력이 몸과 마음을 지배하면 충분히 해결할 수 있는 일도 큰 문제로 보이고 심지어 없던 문제도 생긴다.

목표에 관해서 긍정적으로, 자주 생각하는 것은 단순히 심리적인 효과만 기대하는 게 아니다. 어떤 생각을 어떻게 하느냐에 따라 뇌의 물리적인 구조가 바뀌는 것을 '신경 가소성Neuroplasticity' '뇌 가소성Brain plasticity'이라고 한다. 이런 현상은 목표 달성을 위한 마인드셋을 이해하는 데 기초가 된다.

노력에 의해 뇌 구조가 바뀌는 현상을 입증한 사례는 '런던 택시 운전사 실험'이다. 런던 택시는 검은색이라서 블랙캡Black Cab이라고 한다. 블랙캡을 운전하려면 세상에서 가장 어려운 시험이라고 일컫는 런던 지식 테스트Knowledge of London를 통과해야 한다. 런던에서 택시 운전면허를 따려면 2만 5천여 개의 도로 이름과 위치를 외워야 한다. 런던 중심가인 체어링크스 주변의 병원과 식당, 대사관 위치를 정확히 알아야 하고 런던의 명소를 연결하는 최단 경로를 정확히 알아야 한다. 런던에서 택시 운전면허를 따려면 최소 2년 정도 준비한다. 런던 전 지역의 지리와 건물, 상점에 관한 지식도 습득한다. 이런 이유로 시험을 준비하는 기간이 평균 4년에 달한다.

신경학자 엘레노어 맥과이어 교수 연구팀은 런던에서 블랙캡을 운전하는 택시기사의 뇌를 연구했는데, 방향을 알려주는 뇌의 오른쪽 해마가 일반인 운전자에 비해서 크기가 몇 밀리 정도 더 컸다. 맥과이어 교수는 기억 경진대회 우승자 10명의 뇌와 일반인의 뇌를 비교하는 연구도 했다. 기억 경진대회 우승자의 뇌가 일반인과 다른 점은 공간을 기억하는 해마의 활성도. 이들의 해마 활성도는 일반인에 비해 매우 높았다.[4]

해마는 특정 사건을 기억하고 방향을 찾는 일에 관여한다. 런던 택시기사와 기억 경진대회 우승자의 뇌를 연구한 결과, 뇌는 사용할수록 발달한다는 사실을 밝혀냈다. 수많은 연구에서 뇌는 끊임없이 변하며 근육처럼 사용할수록 활성화하고 사용하지 않으면 퇴화한다는 사실을 밝혀냈다. 뇌에 지속적으로 자극을 주면 뇌의 어떤 영역이든지 단련할 수 있다.[5]

그렇다면, 뇌에 지속적으로 자극을 주려면 어떻게 해야 할까? 이 질문의 해답이 과학 학술지 〈네이처〉에 실렸다. 연구가 실린 〈네이처〉 표지 기사는 '게임 체인저'다. 연구의 핵심은 한 문장으로 요약된다.

"비디오 게임으로 노인의 두뇌 능력을 향상시킨다."

캘리포니아대학 신경과학 연구팀은 뉴로 레이서[Neuro Racer] 게임을 제작했다. 게임은 단순하다. 플레이어는 차를 운전하면서 길에서 올라오는 팝업 표지판의 지시에 따라 운전하면 된다. 다른 표지판은 무시해도 된다. 단순한 규칙을 적용하는 이 게임을 실행한 20대는 팝업 표지판 가운데 25퍼센트를 놓쳤다. 60대 이상은

60퍼센트를 놓쳤다. 충분히 예상할 수 있는 결과다. 하지만 게임을 여러 번 실행하면서 훈련한 노인은 달랐다. 이들은 훈련을 받지 않은 20대보다 팝업 표지판을 놓치는 횟수가 적었다. 이뿐만 아니라 기억력과 주의력 테스트를 더 잘 수행했다.[6]

2014년에 네이처 자매지에는 독일 막스-플랑크 연구소에서 쓴 "슈퍼마리오가 구조적인 뇌 가소성을 유발하는가?"라는 논문이 실렸다. 20~30대 성인을 대상으로 매일 30분씩 3차원 슈퍼마리오 게임을 했다. 그 결과 2달 후에 공간 지각력, 기억력, 운동능력을 담당하는 해마, 배외측 전전두피질, 소뇌 등의 피질 두께가 증가하는 것을 관찰했다.[7]

게임 체인저, 슈퍼마리오 게임으로 공간 지각력, 기억력, 운동능력이 증가한다는 연구 결과와 런던의 택시운전사, 기억 경진대회 우승자의 뇌 구조에서 발견한 공통점은 지속적으로 한 분야에 집중해서 훈련하면 뇌 가소성이 향상된다는 사실이다.

반복해서 게임하는 동안 어디에서 어떤 상황이 발생하는지 예측하고 대응하는 능력이 향상된다. 게임을 몇 번 해보면, 게임을 하지 않는 동안에도 잠재의식에서 게임을 어떻게 진행할지 생각한다. 여기에 맥스웰 몰츠의 사이코 사이버네틱스 이론을 적용하면, 하루에 30분 동안 게임을 더 잘하는 방법, 런던 시내에서 더 빨리 이동하는 방법, 더 많이 더 오래 기억하는 방법을 생각해서 뇌 구조를 바꿀 수 있다. 매일 1시간씩, 15년 이상 명상한 사람은 뇌 구조가 변한다는 연구 결과가 있다. 3개월 정도 명상 훈련을 하면 뇌가 구조적으로 변화하지 않아도 불안장애나 공황장애 치료에 효과가 있다. 이뿐만 아니라 긍정적으로 생각하는 습관을 들이면 감정을 조절하는 편도체 크기가 줄어든다. 긍정적인 생각이 많으면 불안과 두려움은 줄어든다.

이와 같은 연구 결과를 목표 달성에 적용한다. 적용하는 방법은 어렵지 않다. 목표 달성에 관해서 긍정적으로 자주 '생각'하면 된다. 특정 행동을 반복하면 습관이 되고 몸이 기억한다. 그러면 그 행동을 저절로 하게 된다.

"그대가 생각하는 대로 살지 않는다면, 머지않아 그대는 사는 대로 생각하게 된다."

프랑스 철학자 폴 브루제가 한 말이다. 생각을 하면 생각하는 대로 살 수 있다. 목표를 정하고 어떤 노력을 언제, 어디서, 어떻게 할지, 즉 목표를 달성하는 계획에 대해서 계속 생각한다. 생각하는 행위가 중요하다. 목표를 생각하는 동안 우리 뇌는 목표 달성에 필요한 정보를 수집한다. 좀 더 쉽게 목표를 달성하는 방법, 현재 상황을 목표 달성에 유리하게 이용하는 아이디어가 나온다.

나는 목표를 달성하는 방법으로 목표에 관해서 계속 생각하는 것을 권한다. 목표에 관해서 계속 생각하면, 폴 브루제의 말처럼 사는 대로 생각하는 것은 피할 수 있다. 목표가 크든, 작든 상관없다. 상황이 나쁘고 목표 달성이 불가능해 보여도 상황을 자신에게 유리하게 바꿔서 목표를 달성하는 해답을 찾아내는 건 생각에 달려있다.

허황되게 들리겠지만, 계속 생각하면 해답 또는 문제를 해결할 힌트를 찾는다. 목표를 달성하는 과정이 어렵고 힘이 들어도 긍정적으로 생각하고 상황을 이용하는 방법을 생각한다. 그러면 문제가 발생했을 때 노하우를 얻는 기회로 만들 수 있다. 부정적으로 생각하면 짜증 나고 포기했을 것 같은 일도 긍정적으로 생각하면 호기심을 가지고 접근한다. 결국, 문제를 해결한다.

현재 하는 일을
목표와 연결해서 기록한다

    목표에 관해서 계속 생각하면 목표 달성에 필요한 정보가 눈과 귀에 들어온다. 특정한 주제에 관한 생각을 계속하면 칵테일파티 효과, 컬러 배스 효과가 작동해서 정보가 쌓인다. 따라서 목표 달성에 관한 생각을 계속하는 게 좋다.

    목표와 관련한 생각은 긍정적이어야 한다. 어떤 상황이든지 긍정적으로 생각하지 않으면 해결책보다 걱정만 늘어난다. 목표에 관해서 생각하는 것과 걱정하는 것은 다르다. 목표를 달성한다는 결론을 정해놓고 방법에 집중하면 해답을 찾는다. 반면, 어려운 상황, 능력에 비해서 해결하기 버거운 문제를 되풀이해서 생각하면 불안감만 커진다.

걱정이 많은 사람에게 긍정적으로 생각하라는 충고는 도움이 안 된다. 애써 긍정적인 생각을 한다고 문제가 해결되는 건 아니다. 걱정은 목표 달성에 전혀 도움이 되지 않는다. 걱정을 줄이려면 해결책을 찾든지 부정적인 생각을 없애야 한다. 해결책을 찾는 건 어렵고 시간이 걸린다. 하지만 부정적인 생각을 없애는 건 비교적 쉽다. 심리학자는 부정적인 생각을 없애는 방법으로 산책과 운동을 권한다. 가만히 있으면 부정적인 생각이 머릿속을 채우기 때문에 몸을 움직이라고 권한다. 몸을 움직이는 동안 걱정을 덜 한다. 걱정이 줄어들면 머리가 맑아진다.

이 방법은 일시적으로 효과가 있다. 산책이나 운동하면서 몸을 움직이면 부정적인 생각이 줄어든다. 이때 새로운 관점으로 방향을 바꾼다. 그러면 해결책이 떠오르기도 한다.

문제가 생겼을 때 머리로만 생각하는 게 제일 나쁘다. 문제를 해결하는 방법이 분명히 머릿속에 있다. 하지만 해결책이 명확하게 떠오르지 않는다. 어떤 생각을 하고 있는지 자기 눈으로 보면 해결의 실마리를 찾을 수 있다.

생각을 눈으로 보는 방법은 종이에 적는 것이다. 우선 '해결되지 않는 문제'를 노트에 적는다. 그리고 '해답이 생각날듯하면서 명확하게 떠오르지 않는 것'을 노트에 적는다. 머릿속에 떠오른 단어나 이미지를 정리하지 말고 그대로 종이에 쓴다. 그림을 그려도 된다. 문장으로 정리하거나 정확한 표현을 찾지 말고, 제대로 그리려고 하지 말고 낙서하듯 종이에 쓴다. 완전한 문장으로 표현하려고 하다가, 제대로 그림을 그리려고 하다가 생각이 중단될 수 있다.

프로 바둑기사는 장님 바둑^{맹기}을 두며 생각하는 훈련을 한다. 바둑은 상대방의 수에 따라 내가 두는 수가 달라진다. 상대방이 공격하면 방어하면서 동시에 공격하는 수를 생각해야 한다. 프로 바둑기사는 바둑판을 보지 않은 채 머리로만 바둑을 두면서 더 나은 수를 생각하는 훈련을 한다. 대국을 시작하면 바둑기사는 머릿속에 바둑판을 그린다. 이기기 위한 수를 생각한다. 대국에서 메모하면서 수를 생각하는 바둑기사는 없다.

세계 최다 우승 기록을 보유한 조훈현 9단은 《조훈현, 고수의 생각법》에서 '생각은 반드시 답을 찾는다'라고 했다. 세상에서 일어나는 갖가지 문제를 바둑판에 대입해서 생각하면, 어렵긴 해도 해결하지 못할 일은 없을 거라고 했다.

보통 사람은 프로 바둑기사처럼 머리로만 생각해서 묘수를 찾아내기 어렵다. 머리로만 생각하는 것은 시간 낭비다. 머리에서는 계속 생각이 떠오르지만 겉으로 드러나지 않고 신기루처럼 나타났다가 사라진다. 신기루 같은 생각을 종이에 적으면 실체가 조금씩 드러난다.

거의 모든 사람이 눈에 보이는 것만 믿는다. 생각은 눈에 보이지 않아서 믿지 않는다. 자기 생각도 눈으로 확인하지 않으면 믿지 못한다.

목표를 달성하기 위해 반드시 거쳐야 하는 단계가 있다. 이 단계를 피하거나 건너뛰면 목표는 허황된 꿈일 뿐이다. '종이에 쓰면 이루어진다'라고 말하는데 '종이에 쓰면'과 '이루어진다' 사이에 생각해서 답을 구하고 실행하는 과정이 숨어있다. 종이에 적는 행동은 생각을 눈으로 확인하는 과정이다. 생각을 종이에 적으면 의미 없어 보이는 낙서 가운데 몇 개가 멋진 아이디어로 발전한다. 때로는 목표와 전혀 관계없는 생각이 진화해서 문제를 해결하는 아이디어로 거듭나기도 한다.

답을 찾는 방법을 터득한 사람은 자기 생각을 기록하고 실천한다. 기록하는 방법이 특별한 건 아니다. 우선 생각을 노트나 종이에 쓴다. 생각을 눈으로 확인하고 방법을 찾는다. 생각을 눈으로 보면 자기 생각에 확신이 생긴다. 최선의 해결책, 차선의 해결책, 당장 실천할 수 있는 해결책 등을 정리하고 시험 삼아 하나씩 실천한다. 실천해야 자기가 생각한 해결책이 맞는지 확인할 수 있다.

생각을 눈으로 확인하고도 확신이 생기지 않을 때가 있다. 그러면 지금까지 종이에 적은 내용을 깨끗한 종이에 옮겨 적는다. 처음에 생각을 적을 때는 체계가 없었지만 깨끗한 종이에 옮겨 적으면서 여러 가지 생각 사이에 논리와 관계가 생긴다. 중요한 것, 덜 중요한 것으로 나누고 우선순위를 정한다. 그러는 동안 한 단계 더 깊은 생각을 한다. 그러면 해결하는 데 필요한 정보만 남는다. 이런 방법으로 최상 또는 최선의 해결책을 찾아서 실천한다. 생각을 종이에 쓰는 과정을 거쳐서 문제를 하나씩 해결하고 목표에 한 걸음씩 다가갈 수 있다.

목표 달성을 위해서 '시작하기'

"아무것도 하지 않으면 아무 일도 일어나지 않는다."라는 문장은 광고에 나오면서 유명해졌다. 이 문장은 일본의 철학자 기시미 이치로가 쓴 책 제목이다. 이 말은 듣는 사람에게 대체로 긍정적인 영향을 준다. 새로운 일을 시작하는 사람은 용기와 확신을 얻고 학생은 열심히 공부하겠다는 의지가 생긴다.

《아무것도 하지 않으면 아무 일도 일어나지 않는다》 책에서 주목해야 하는 단어는 '실천'이다. 사진 촬영법을 설명한 책을 읽었다고 좋은 사진을 찍을 수는 없다. 사진 이론을 섭렵했다고 사진

작가가 되는 건 아니다. 어떤 일이든지 실천해야 그 일을 제대로 할 수 있다. 번번이 목표 달성에 실패하는 사람은 머리로 이해하고 다 안다고 생각한다.

시작하는 데 상당히 많은 에너지가 필요하다는 게 실천하지 못하는 첫째 이유다. 머리로는 실천해야 한다고 생각하지만 몸으로 실천하지 않는 둘째 이유는 실패를 두려워하기 때문이다. 우선, 시작하는 데 많은 에너지를 소모해서 시작하지 못하는 문제를 극복하는 해법은 목표를 작게 나누는 것이다. 할 일을 작게 나누면 시작하기가 어렵지 않다. 실천하기 어렵다면 할 일을 작게 나누고 제일 중요한 일 또는 제일 급한 일부터 시작한다.

시작하지 못해서 아무것도 하지 못하는 문제는 할 일을 작게 나누는 방법으로 해결한다. 이뿐만 아니라 문제를 찾아낼 때, 시장을 분석할 때, 불가능한 일을 가능한 일로 바꿀 때도 할 일을 작게 나누는 방법을 활용한다. 암벽 등반가 토드 스키너는 26개국에서 300여 개의 봉우리에 올랐다. 토드 스키너가 세계 최고의 암벽 등반가로 불리는 이유는 가장 많은 봉우리를 올라서가 아니라 목표를 작게 나눠서 불가능한 목표를 실현했기 때문이다. 그는 《네 안의 정상을 찾아라》에서 정상을 오르는 과정에서 겪은 일을 묘사했다. 파키스탄 북부 지역의 트랑고 타워 동벽을 60일 동안 등반하면서 벽에 텐트를 매단 채 눈 폭풍을 견뎌낸 이야기,

수없이 추락하고 다시 오르기를 반복하면서 손은 피범벅이 됐지만 손에 테이핑을 하고 결국 정상에 오른 경험을 전하면서 "추락은 실패가 아니다."라고 했다. 높고 험준한 산을 오르는 비결을 묻는 질문에 토드 스키너는 작은 암벽 단위로 쪼개서 생각하면 의외로 쉽게 해결방안이 나온다고 했다. 그가 정상에 오른 비결은 작은 암벽을 오르고 그다음 암벽을 오르고, 이 과정을 계속하는 것이다. 그러면 산 정상에 오른다고 했다.

어떤 일이든지 작게 나누면 즉시 시작할 수 있다. 시작이 반이라는 말이 있지만 시작했다고 자동으로 목표를 달성하는 건 아니다. 목표를 향해 가는 과정에 크고 작은 실패를 한다. 목표 달성은 실패를 전제로 한다. 아무것도 하지 않으면 아무것도 얻을 수 없기 때문에 실천이 중요하다. 그런데 실천했음에도 번번이 실패하면 누구나 포기하고 싶은 마음이 든다.

목표를 달성하기까지 순탄하다면 그것은 목표가 아니다. 토드 스키너처럼 보통 사람은 엄두도 못내는 일을 해낸 사람의 이야기가 회자되는 이유는 목표를 달성할 때까지 끊임없이 도전하기 때문이다. 어려운 목표를 달성한 사람은 도전을 거듭하는 동안 크고 작은 문제를 해결하고 난관을 극복한다. 이들은 실패를 '끝'이라고 생각하지 않는다. 다시 도전해서 문제를 해결할 수 있다고 믿는다.

브래들리대학 경영학과 찰스 R. 스토너 교수는 목표를 달성하는 과정에서 역경을 극복하는 시기를 네 단계로 구분했다. 역경의 첫 번째 단계는 대시련$^{Great\ Distrustion}$이다. 그다음 단계는 환멸^{Disillusionment}이고 이후에 반성^{Reflection}, 적응^{Adaptation} 단계로 이어진다. 이 가운데 환멸과 반성, 적응 단계를 리바운드 과정$^{Rebound\ Process}$이라고 한다. 말 그대로 역경을 딛고 다시 뛰어오르는 단계다. 역경을 인정하는 순간이 중요하다.

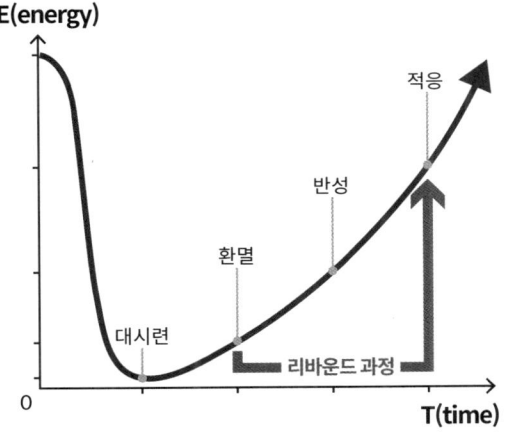

역경을 극복하는 4단계

목표를 달성한 사람은 역경이 큰 그림을 그리기 위한 밑그림이라는 사실을 안다. 역경은 목표를 달성하는 과정에서 반드시 치

러야 하는 일종의 시험이다. 이 시험을 대하는 태도에 따라서 결과가 달라진다. 시험을 교묘한 함정이 있는 게임 같은 것으로 생각하고 자기 능력을 키워서 도전하는 사람만 역경을 극복한다.

완벽하게 준비한 상태에서 시작하려는 사람이 있다. 목표를 정하고 치밀하게 계획을 세우고 목표 달성 방법을 익히고 예상되는 문제를 완전하게 대비한 후에 시작하려고 한다. 하지만 시작하기 전에 완벽하게 준비하려고 하면 성공 확률이 현저하게 떨어진다. 앞으로 닥칠 어려움을 알고 있으면 철저하게 준비하기 보다 시작하는 것을 미룬다. 이것을 더닝 크루거 효과 Dunning-Kruger effect라고 한다. 새로운 기술을 배우려고 시도하는 사람에 관한 연구를 수행한 코넬대학의 데이비드 더닝과 저스틴 크루거는 "모르는 것은 종종 아는 것보다 더 자신감을 불러일으키기도 한다."라고 했다.[8]

데이비드 더닝과 저스틴 크루거는 실험 참가자에게 논리, 문법, 유머, 세 개 부문에서 테스트를 실시했다. 테스트에서 낮은 점수를 받은 사람은 자신의 업적을 과대평가한 반면, 높은 점수를 받은 사람일수록 자신을 과소평가했다. 이유는 점수가 낮은 사람은 '자신을 평가하는 능력'도 부족하기 때문이다. 이들은 자신의 능력을 과신하는 경향이 강하다. 하지만 점수가 높은 사람은 다른 사람도 높은 점수를 받을 것이라고 예상하고 자기 실력을 엄격하게 평가한다. 결국, 자신을 엄격하게 평가하고 목표 달성을 향한 도전을 시작조차 못한다.

목표를 달성하려면 도전은 필수다. 아이러니컬하게도 목표를 달성하는 과정에서 겪어야 하는 어려움을 정확히 알지 못하면 시작이 그리 어렵지 않다. 반면, 그 과정이 굉장히 어렵다는 사실을 알면 시작하기도 전에 포기한다. 더닝 크루거 효과의 핵심은 목표를 달성하는 데 필요한 노력의 양을 미리 알면, 즉 너무 많이 알면 시작하기 전에 포기한다는 것이다.

목표 달성에 필요한 과정을 너무 많이 알고 있거나 빈틈없이 치밀하게 준비하는 것은 오히려 해가 된다. "아는 게 병이다"라는 말이 괜히 나오는 게 아니다. 목표를 달성한 사람이 공통으로 하는 말이 있다.

"불가능한 일인 줄도 모르고 계속했더니 결국 이루어졌다."

앞으로 할 일에 관해서 너무 많이 알려고 하지 않는 편이 낫다. 목표를 달성하는 과정에 겪을 어려움을 미리 알면, 실패할 확률이 높은데 굳이 도전할 필요가 있냐고 반문한다. 이런 사람은 시작을 미룬다. 실패에 대한 두려움 때문에 시작하지 못하는 것을 '나이아가라 증후군'이라고 한다. 실패가 두려워서 시작하지 않으면 강물을 따라 흘러가다가 폭포를 만나면 그제야 허우적대면서 빠져나오려고 한다. 그래서 나이아가라 증후군이라고 한다.

일단 시작해야 끝이 난다. 목표 달성을 원한다면 '시작'이라는 고비를 넘어야 한다.

레이몬드 아론은 《지금 당장 손에 넣어라》에서 당장 실천에 옮기는 방법을 5단계로 정리했다.

첫째, 지금 바로 절실하게 바라는 장기 목표 하나를 정한다.

둘째, 바로 시작할 수 있도록 장기 목표 축약형 버전을 만든다.

셋째, 최소 한 명 이상의 주변 사람에게 목표를 알린다.

넷째, 계획을 세운 다음 제일 먼저 할 일을 실천한다.

다섯째, 사소한 일이라도 성공할 때마다, 완료할 때마다 크게 자축한다.

레이몬드 아론은 계획을 하나씩 실천하는 것을 심리전이라고 했다. 어떤 일이든지 막상 시작하면 생각했던 것보다 어렵지 않다. 목표를 이루는 과정을 세분화해서 시작과 완료를 거듭하면서 작은 성공을 여러 번 경험한다. 성공의 경험에서 에너지를 얻는다. 이렇게 축적된 에너지는 다음 목표를 달성하는 데 긍정적인 영향을 준다.

목표를 달성하는 매우 강력한 방법

 목표에 관해서 자주 생각하고 현재 하는 일을 목표와 연결하는 것은 큰 의미가 있다. 우리가 사는 세계는 '엔트로피 법칙'이 작용한다. 엔트로피 법칙은 모든 것이 카오스$^{Chaos, 혼돈}$를 향해 나아가는 현상이다. 나를 둘러싼 상황은 저절로 정리되지 않는다. 상황이나 환경은 절대로 나에게 유리하지 않다. 엔트로피 법칙에 따라 목표를 달성하기 어렵고 복잡한 상태가 된다.

 성공학, 목표, 계획, 좋은 습관 등을 주제로 강연하거나 코치하는 전문가는 모두 정리·정돈을 강조한다. 심지어 풍수지리학자도 어지럽고 복잡한 것을 정리하라고 권한다. 목표를 달성한 사람은 눈에 보이는 것뿐만 아니라 눈에 보이지 않는 상황까지 정리·정돈한다. 모든 것을 정리한 상황에서 급한 일 또는 중요한 일, 어떤 일이든지 바로 시작할 수 있다. 사물, 환경, 우리를 둘러싼 상황이 복잡하면 크고 작은 문제가 생긴다. 그 문제를 해결하느라 목표 달성을 뒤로 미룬다. 목표를 달성하려면 눈에 보이는 혼란한 것을 정리하고 눈에 보이지 않는 상황을 단순하게 만들어야 한다.

우선 눈에 보이는 책상 위, 서랍, 서류, 각종 우편물, 컴퓨터 파일 등을 정리하고 당장 해야 할 일을 못 하게 만드는 요인을 종이에 쓴다. 그런 다음, 이제부터 설명하는 강력한 방법을 실천한다.

제일 먼저 목표 달성을 위해 할 일·목표와 상관없지만 꼭 해야 하는 일을 구분한다. 그런 다음 MTO$^{\text{Minimum·Target·Outrageous}}$, GTD$^{\text{Getting Things Done}}$, FTF$^{\text{First Things First}}$, 세 가지 방법을 실천한다.

목표 달성을 위해서 해야 하는 일은 MTO를 적용한다. MTO는 할 일을 최소치^{Minimum}, 목표치^{Target}, 터무니없을 만큼 이상적인 수준^{Outrageous}으로 세분화하는 것이다. 목표 달성과 관련이 있다면, 사소한 일도 MTO로 세분화한다. 어떤 일을 하든지 목표치를 정하면 더 열심히 한다. 제한된 시간에 끝내야 하는 일은 한 시간 또는 30분 단위로 목표를 정하면 더 몰입하게 된다. 목표치를 기준으로 성공 여부를 판단한다.

MTO를 적용해서 세분화하지 않고, 되는 대로 하면 처음에만 열심히 한다. 시간이 지나면 완성도는 떨어진다. 목표치가 없으면 동기부여가 되지 않는다. 집중력도 발휘할 수 없다. 목표치를 정하지 않으면 나에게 도움이 되는 일이 며칠 뒤에 중요하지 않은 일이 되고 목표 달성과 상관없는 일이 된다.[9]

할 일에 MTO를 적용해서 목표치를 정하려면 어떻게 해야 할까? MTO를 적용하는 방법은 세 가지다.

목표를 MTO로 구분하는 방법

방법	내용
중첩 방법	최소치, 목표치, 이상적인 수준으로 목표 달성 정도를 나눈다. 목표치의 상한선은 이상적인 수준, 하한선은 최소치에 해당한다. 상품 생산량을 예로 들면, 1개월 평균 생산량이 30개라면 최소로 25개, 이상적인 수준을 35개로 설정하고 25~30개 생산을 목표 달성 기준으로 정한다.
등급 방법	쉬운 일, 어려운 일(시간이 걸리는 일), 가장 어려운 일(해결하기 어려운 문제)로 나눈다. 쉬운 일, 어려운 일, 가장 어려운 일은 서로 연관이 없어도 괜찮다. 각각의 일마다 쉽고 어려운 정도를 구분한다. 어려운 정도에 따라 목표 달성 기준을 정한다.
마감일 방법	일을 끝내는 마감일을 정한다. 긴 시간이 필요한 일은 최선을 다해서 빨리 끝낼 수 있는 마감일, 어느 정도 열심히 해서 끝낼 수 있는 마감일, 가장 늦게 완료하는 마감일을 정한다. 한 가지 일에 마감일을 앞당겨서 빠른 시간에 완료하는 것이 목표라면 마감일 방법이 도움이 된다.

출처 : 레이몬드 아론·수 레이저 지음, 《지금 당장 손에 넣어라》

MTO를 적용해서 목표를 나눴다. 중첩, 등급, 마감일 방법을 적용해서 목표 수준을 정한 다음 GTD 또는 FTF를 선택한다. GTD는 데이비드 앨런이 쓴 《Getting Things Done》에서 제시한 시간을 효율적으로 사용하는 방법론이며 일 처리에 관한 방법론이다. 우리나라에는 《끝도 없는 일 깔끔하게 해치우기》라는 제목으로 출간되었다.

다음은 《Getting Things Done》에 나온 순서도다. 이 순서도는 GTD 방법론의 모든 것을 보여준다. '2분 안에 끝낼 수 있는 일을 당장 완료하는 것'이 GTD의 핵심이다.

GTD 순서도에서 핵심 키워드는 할 일$^{Stuff,\ Thing}$, 실천^{Action}, 2분^{2Minutes}이다. GTD 순서도는 할 일을 바구니에 담는 것으로 시작한다. 바구니는 할 일 목록과 비슷하다. 차이점은 할 일 목록은 모두 해야 하는 일이고 GTD 순서도에서 바구니에 담은 일은 실천이 가능한 일과 당장 실천할 수 없는 일로 나누는 것이다. 바구니에 담은 일 가운데 당장 실천할 수 없는 일은 버리거나 나중에 할 일로 분류한다. 다른 사람이 대신할 수 있는 일은 위임한다. 당장 실천할 수 있는 일은 2분 안에 할 수 있는 일과 시간이 걸리는 일$^{여러\ 가지\ 단계가\ 필요한\ 일}$로 구분한다. 2분 안에 할 수 있는 일은 당장 시작해서 끝낸다. 2분 안에 할 수 없는 일은 할 일 목록에 넣었다가 적절한 시기에 관련 있는 일과 함께 처리한다.

GTD 순서도

```
        [일거리]
           ↓
        [수집함]
           ↓
       어떤 일인가
       실행가능한가? ──→ 아니오 ──→ 제거 (쓰레기)
           ↓                    ──→ 보류 (추후확인, 검토)
           예                    ──→ 참고 (필요시 복구 가능)
           ↓
                   하나 이상의
                   프로젝트
       다음단계          →  프로젝트 (계획, 수집)
       행동은?                    ↕
                            프로젝트 실행 (검토, 보완)
           ↓
       2분 안에 실행 ──── 아니오
           ↓                ↓
           예         ┌─────┴─────┐
           ↓       위임한다    연기한다
       직접한다       ↓       ┌───┴───┐
                   대기     다음행동   달력
                (적당한시기를 (가능한 빨리) (특정한 날
                  기다림)              정해서)
```

출처 : 데이비드 앨런 지음, 《끝도 없는 일 깔끔하게 해치우기》

4 일주일마다 목표를 달성하는 방법

시간이 걸리는 일은 그 일을 하는 과정을 세분화해서 2분 안에 할 수 있는 일은 완료하고 시간이 걸리는 일은 할 일 목록에 넣고 마감일을 정해서 완료한다. GTD 방법론에서 내가 주목한 키워드는 '실천'과 '2분'이다. 목표가 다이어트라면 실천할 일은 '매일 1시간 달리기'이고 목표가 영어 공부라면 실천할 일은 '단어·문장 외우기'이다. 데이비드 앨런은 '2분 안에 끝낼 수 있는 일'은 바로 끝내라고 했다. 할 일 목록에 쓴 일 중에서 2분 안에 할 수 있는 일이 몇 개나 되는지 확인하기 바란다. 내가 GTD 방법론을 실제로 적용할 때 이런 의문이 들었다.

"2분 안에 끝낼 수 있는 일이 없는데 어떻게 하지?"

내가 쓴 할 일 목록에는 2분 안에 할 수 있는 일이 하나도 없었다. 하지만 목표에 MTO를 적용해서 세분화하고 할 일을 작게 나누면 2분 안에 할 수 있는 일이 생긴다. 2분이 너무 짧다면 시간을 20분으로 늘려도 된다. 목표를 작게 나눠서 최소치를 정하면 2분 또는 20분 안에 완료할 수 있을 정도로 작은 일이 나온다. 여기서 '2분'은 물리적으로 120초의 시간이 아니다. 즉시 실천해서 끝내는 일을 구분하는 기준이다. 당장 실천해서 몇 분 안에 끝나는 일이 '2분 안에 끝나는 일'이다. 2분 안에 끝나는 일을 당장 실천하도록 몰아붙여서 할 일 목록에 적은 일을 줄이는 것이 GTD 방법론이 가진 효과다.

GTD 방법론만큼 강력한 방법이 바로 TFT다. TFT는 스티븐 코비가 쓴 《소중한 것을 먼저 하라》의 원서 제목 《First things first》의 앞 글자를 딴 방법론이다. TFT 방법론은 급한 일보다 중요한 일을 먼저 하는 것이 핵심이다. GTD 방법론과 반대 개념은 아니지만 일을 처리하는 방법이 다르다.

TFT 방법론은 할 일을 급한 정도와 중요한 정도로 구분해서 4분면에 정리하는 것으로 시작한다.

스티븐 코비의 시간관리 매트릭스

구분	급함	급하지 않음
중요함	긴급회의 즉시 해결해야 하는 문제 마감이 임박한 프로젝트 돌발 상황 긴급 보고 사안	계획 수립 재충전 사고 예방 미래를 위한 학습 가치관 및 비전 확립
중요하지 않음	중요하지 않은 사안 보고 급하지 않은 주제의 회의 다른 사람의 사소한 일 중요하지 않은 이메일 사소한 SNS 메시지	시간을 낭비하는 하찮은 일 인터넷 서핑 TV 시청 지나친 휴식

할 일을 네 가지로 분류해서 매트릭스에 표시한다. 1사분면에는 중요하면서 급한 일, 2사분면에는 중요하지만 급하지 않은 일,

3사분면은 중요하지 않지만 급한 일, 4사분면은 중요하지도 급하지도 않은 일을 넣는다. 1사분면에 적은 중요하면서 급한 일은 생존에 관련된 일이고 2사분면은 가치 있는 일이다. 1사분면과 2사분면은 다른 어떤 일보다 집중해야 하는 일이다. 3사분면에는 중요하지 않은 데도 급하다는 이유만으로 중요한 것처럼 보이는 일이고 4사분면은 TV 시청이나 게임처럼 시간을 낭비하는 일이다.

대부분이 급한 일을 처리하느라 중요한 일[2사분면의 일]을 미룬다. 스티븐 코비의 매트릭스에 할 일을 넣어보면 급하면서 중요한 일, 급하지 않지만 중요한 일을 명확히 구분할 수 있다.

그렇다면 중요도와 긴급성을 기준으로 일의 우선순위를 구분하면 시간 효율을 높여서 목표를 달성할 수 있을까? 이 질문의 답은 '시간 효율'에 있다. FTF뿐만 아니라 MTO, GTD 방법론은 모두 궁극적인 목표를 달성하는 데 효과가 있다. 세 가지 방법론은 목표 달성 과정에 시간을 효율적으로 사용하는 데 초점을 맞춘다. MTO는 목표 달성 수준을 구분해서 적어도 최소 수준에 맞춰서 목표를 달성하도록 도와주고, GTD는 즉시 실천해서 끝낼 수 있는 일에 집중하게 만든다. TFT는 중요한 일을 완료하는 데 초점을 맞춘다.

상황에 맞는 목표 달성 방법론을 실천하면 시간 효율이 높아지고 그 결과, 목표를 달성한다. 목표를 달성하려면 할 일, 환경,

조건 등에 따라 시간을 효율적으로 사용하는 방법을 고민해야 한다.

리처드 코치는 《80/20 법칙》에서 시간을 효율적으로 사용하지 못하는 두 가지 이유를 제시했다. 첫 번째, 거의 모든 사람이 시간을 사용하는 방법을 잘 안다고 생각하기 때문이다. 자신이 시간을 효율적으로 사용한다고 생각해서 목표 달성 방법론을 굳이 실천하지 않는다. 두 번째, 당장 할 일이 많아서 목표는 잊고 산다고 생각하기 때문이다. 당장 완료해야 하는 일을 하기도 바쁘다. 급함과 중요함을 기준으로 할 일을 구분할 여유가 없다.

GTD와 FTF 방법론은 적절하게 사용하면 효과가 있다. 하지만 동전의 양면처럼 단점이 있다. FTF 방법론은 일의 우선순위를 정해서 중요한 일을 끝내는 것이다. 하지만 우선순위 상위에 배치한 일이 정말 중요한 일이 아닌 경우가 많다. 만약 우선순위가 잘못됐다면 하지 않아도 되는 일에 지나치게 많은 노력과 시간을 기울이는 꼴이 된다.[10]

중요한 일과 급한 일을 제대로 구분하지 않으면 스티븐 코비의 시간관리 매트릭스는 무용지물이 된다. 할 일이 무수히 많은 상황에서 우선순위를 정하기는 어렵다. 우선순위를 정해도 상황이 바뀌면 우선순위도 바뀐다. 우선순위 최상위의 일은 며칠 만에 끝나지 않는다. 그런데 긴급하게 처리할 일, 중요한 일은 계속 추가된다. 우선순위를 정할 때는 급하지 않았는데 시간이 지나면 중요하고 급한 일이 된다. 중요하지 않다고 생각해서 미뤄둔 일도 며칠 지나면 급한 일이 된다.

목표 달성에 번번이 실패하는 이유를 곰곰이 생각해보면 일의 우선순위를 잘못 설정한 경우가 많다. 목표를 달성하는 방법은 그 일을 실제로 하는 것이다. 우선순위를 정해야 하는 것은 맞다. 단, 우선순위는 계속 바뀐다. 적어도 일주일에 한 번은 일의 우선순위에 관해서 진지하게 고민해서 중요도와 긴급함에 따라 다시 정해야 한다.

우선순위를 정하는 것만큼 관리와 실천이 중요하다. 완료 여부를 판단하는 기준도 필요하다. 목표를 달성하려면 중요한 일에 시간을 더 많이 할애하고 실제로 그 일을 해야 한다. 우선순위 상위의 일을 바로 실천해서 완료할 수 있을 정도로 작게 나누고, 완료 여부를 판단하는 기준을 정한다. 이렇게 하면 MTO, GTD, TFT 방법론이 제 기능을 하고 효과를 발휘한다.

세상에 나쁜 방법론은 없다. 많은 사람이 탁월하다고 인정한 방법론을 제대로 활용하면 목표를 달성할 수 있다.

CHAPTER 05

목표 달성을 위한 멘탈 트레이닝

01

목표를 달성한다는
믿음을 나타내는 말

　스트레스를 받으면 집중이 안 되고 학습 효율이 오르지 않는다. 수업에 대한 흥미진진함과 호기심은 긍정적인 상태에서 나온다. 직장인도 마찬가지다. 스트레스를 받으면 익숙한 일, 잘하던 일도 실수한다. '잘 된다'는 긍정적인 믿음이 있으면 처음 도전하는 일도 자신 있게 한다.

　긍정적인 상태에서 받아들인 정보는 기억에 더 오래 남는다. 최근에는 학습과 일을 할 때 여러 사람과 협동·협업해서 결과를 만든다. 여러 사람이 함께 수행하면서 새로운 아이디어를 얻고 자극을 받는다. 인간관계에 특별한 문제가 없다면, 혼자 과제를 수행할 때보다 대체로 긍정적인 기분을 유지한다.

긍정적인 기분은 긍정적인 생각을 끌어들인다. 반대로 부정적인 기분은 부정적인 생각을 끌어들인다. 긍정적인 생각, 목표를 달성한다는 믿음을 가져야 한다. 목표를 달성한다는 믿음을 가지면 불안과 걱정이 줄어든다. 기분이 좋아지고 '할 수 있다'라는 의지가 생긴다.

긍정적인 마음가짐을 동료, 주변 사람에게 말로 표현하는 것도 중요하다. 언어심리학 분야에서 유명한 학자이자 연구가였던 알프레드 코르치프스키는 《과학과 건전성 Science and Sanity》에서 지식의 '상대성 이론'을 주창했다. 그는 '일반 의미론 General Semantics'을 만들었다. 이 이론으로 언어 구조가 어떻게 인간의 사상을 형성하는지, 그리고 특정 언어 습관이 어떤 식으로 갈등, 오해, 심리적 부적응을 유발하는지에 관해 설명했다.[1]

일반 의미론은 사용하는 언어에 따라 인간이 어떻게 반응하는지 연구하는 언어 이론이다. 인간이 사용하는 단어는 종종 '주술적'으로 사용된다. 19세기에는 심각한 경기 하강을 가리켜 '불경기 Depression'라고 했다. 1930년대 이후에는 불경기라는 단어가 고통스럽고 우울한 기분을 확산시킨다고 해서 '경기 후퇴 Recession'라는 단어를 사용한다. 요즘은 후퇴라는 단어도 쓰지 않는다. 듣기에

안 좋은 단어를 배제하고 '역성장'이라고 표현한다. 성장 곡선이 내리막을 그리는 데도 '경기 하락' '침체'라는 표현을 쓰지 않는다. 어떻게든 '성장'을 붙여서 표현한다. '하락' '침체' 보다 덜 우울하게 만들기 때문이다.

1970년대 미국의 지미 카터 대통령은 경제 수석보좌관 알프레드 칸이 '경기 후퇴'라는 단어를 사용해서 국민에게 공포감을 주었다는 이유로 그를 심하게 질책했다. 그 후 연설이나 기자 회견을 할 때는 '경기 후퇴'라는 단어를 '바나나^{Banana}'로 바꿔서 사용하게 했다.

부정적인 표현은 사람을 심리적으로 불안·우울하게 만들고 치명적인 패배의 원인이 된다. 영국과 남아프리카의 네덜란드 이주민 사이에 벌어진 보어전쟁에서 부정적인 말과 불평을 한 남아프리카의 병사가 기소되었는데 죄명은 '낙심 죄'였다. 영국이 남아프리카의 '레이디스미스'라는 마을을 침공하자 남아프리카의 병사는 마을을 지키던 동료 병사들에게 부정적인 정보와 불평을 늘어놓았다. 영국군의 위력이 얼마나 센지, 공격을 막아내는 게 얼마나 어려운지, 영국군이 얼마나 많은 국가를 점령했는지를 말하면서 마을이 함락될 수밖에 없는 이유를 주절주절 늘어놨다. 그 병사는 적과 싸우기도 전에 아군의 사기를 떨어트렸다. 총을 사용하지 않고도 자기 마을을 지키는 병사들을 공격한 꼴이었다.

5 목표 달성을 위한 멘탈 트레이닝

그의 말은 총보다 더 강력한 무기였다.

모든 말에는 신념이 들어 있다. 신념을 지닌 말이 가진 힘을 염력念力이라고 한다. 사회학자 로버트 머튼은 사람의 신념이 현실로 이루어지는 것을 '자성 예언Self-fulfilling prophecy'이라고 했다.[2]

긍정적인 경험을 공유하고 함께 일하는 사람의 장점을 칭찬하고 격려하는 것은 목표 달성에 도움이 된다. 때로는 부정적인 생각과 감정을 공유해야 하는 순간도 있다. 남아프리카 병사의 낙심 죄 이야기처럼 부정적인 감정을 입 밖으로 꺼낼 때는 신중해야 한다. 부정적인 말을 하기 전에 그 말 속에 담긴 의도에 관해서 고민하기 바란다. 그 말을 듣는 사람에게 힘이 되고 좋은 관계를 형성하려는 의도인지 먼저 생각한다. 만약, 내가 하는 말이 문제에만 집중하고 있다면 해결책에 집중하는 말로 바꾼다.[3]

예를 들면, "이게 문제야" "이거 때문에 일이 안된 거야"라고 말하기보다 "옳은 방법을 찾아보자" "이렇게 해보면 될 거야"라고 말하는 것이다.

언어는 사람이 살아가는 방식, 태도, 행동에 영향을 준다. 신경언어학을 연구하는 학자는 생각에 영향을 주는 언어 패턴을 '양식의 연산자modal operator'라고 한다. 체코의 문학이론가 루보미르 돌레첼은 《헤테로코스미카》에서 양식의 연산자로 사용하는 언어 패턴을 소개했다.

양식의 연산자로 사용하는 언어 패턴

언어 패턴	양식의 연산자
필요	반드시 해야 한다(must have) 해야만 한다(must) 하는 게 좋다(should) 하는 것은 당연하다(ought)
가능성, 의지	할 수 있다(can) 할 것이다(will) 할지 모른다(may) 해도 좋다(would) 하길 원한다(want to) 하고 싶다(love to)
불가능, 절망	안 된다(unable to) 할 수 없다(can't) 난해하다(difficult) 불가능하다(impossible to)

그가 연구한 언어 패턴은 가능성, 불가능성, 필요, 확실성, 욕구를 내포하는 동사와 부사다. '필요'의 패턴은 반드시 해야 한다$^{must\ have}$, 해야만 한다^{must}, 하는 게 좋다^{should}, 하는 것은 당연하다^{ought} 등이 있다. 이런 말을 할 때 성취, 의무, 목표 달성의 세계를 만든다. '가능성'의 패턴은 할 수 있다^{can}, 할 것이다^{will}, 할지 모른다^{may}, 해도 좋다^{would}, 하길 원한다$^{want\ to}$, 하고 싶다$^{love\ to}$ 등이다. 이런 말은 의지, 의도, 자신의 선택을 허락하는 세계를 만든다. 이

와 반대로, '불가능'의 패턴은 안 된다[unable to], 할 수 없다[can't], 난해하다[difficult], 불가능하다[impossible to] 등이다. 이런 말은 무력함, 절망의 세계를 만든다.[4]

어떤 단어를 선택하고 사용하느냐에 따라서 자기가 인식하는 개념과 주변 사람과 소통에서 의견을 전달하는 방법이 달라진다. 사용하는 단어와 언어 패턴에 따라서 긍정적·창의적 또는 부정적·비관적으로 생각한다.

우리가 선택하는 단어, 표현의 미묘한 차이는 자기 마음뿐만 아니라 주변 사람의 마음에도 의미 있는 변화를 일으킨다. 긍정적·적극적인 의미를 전달하는 표현을 사용하면 실제로 아주 바람직한 상태가 된다. 긍정적으로 표현하면 생각과 행동이 필요와 가능성의 패턴을 따른다. 이런 생각을 행동으로 옮기기 위해서 긍정적으로 생각하고 표현한다. 그러면 생각한 대로 이루어진다. 이것이 긍정적인 생각·표현이 가진 힘이다.

목표를 달성하기 전과
달성한 후를 비교한다

목표에 관해서 항상 생각하고 쉬지 않고 노력해도 변하는 게 없다는 느낌이 들 때가 있다. 목표를 달성하기 위해 노력하는 동안 권태기가 온다. 강한 권태기가 찾아오면 '노력한다고 될까?'라는 의구심이 든다.

동기부여 전문가는 이럴 때마다 긍정, 열정, 희망을 생각하라고 하지만 그게 말처럼 쉽지 않다. 열정, 근성, 그릿 등 좋은 말을 다 갖다 붙이며 마음을 다잡으려 해도 권태기는 극복되지 않는다. 이럴 때는 잠시 쉬면서 과거의 내 모습과 비교해 보기 바란다.

막연히 '잘 될 거야' '지금까지 해온 것처럼 하면 돼'라는 말은 일시적으로 위로가 된다. 이런 위로는 효과가 길지 않다. 노력을 중단하고 싶은 생각이 머릿속에 가득하다면, 과거와 현재 모습을 객관적으로 확인한다. 성장한 모습을 확인하면 성취감을 느낀다. 성취감은 고스란히 에너지로 바뀐다.

현재의 내가 과거보다 얼마나 발전했는지 확인하려면 시간 축으로 성장 곡선을 그려본다. 5년 전, 3년 전, 1년 전에 성공한 일, 실패한 일, 보류한 일 등을 정리한다. 단순하게 이전 연도에 한 일과 현재 하는 일을 비교하는 게 아니라 하나의 사건을 두고 시간에 따른 능력 변화, 달성률 등을 비교한다.

계획한 일, 도전한 일, 완료한 일의 달성률과 완성도를 양적, 질적으로 수치화해서 표, 그래프, 글로 정리한다. 그러면 성장한 모습을 두 눈으로 확인할 수 있다. 이전 연도에 완성한 결과물 또는 달성률과 현재 실천하는 일 사이에 연관이 없다면 노력한 정도와 수행한 시간, 성과 등을 정리한다. 지난해까지 시도조차 못 했던 일을 꽤 많이 해냈을 수도 있다.

능력과 노력한 시간, 성과에 공통으로 적용되는 기준이 없어도 괜찮다. 1년 단위로 시작한 일, 완료한 일, 성과 등을 정리하면 그 일을 하기 위해 들인 노력, 공부한 시간 등이 쌓여서 아주 조금씩, 천천히 능력이 발전했다는 사실을 깨닫는다.

자신이 성장했다는 사실을 인지하면 다음에 어떤 일을 하더라도 잘 해낼 수 있다는 자신감이 생긴다. 이것이 '자기 효능감$^{Self-efficacy}$'이다. 자기 효능감은 자신의 능력을 믿을 때 나온다. 자기 존재 가치를 믿는 자존감$^{Self-esteem}$과 성격이 다르다. 성공과 실패의 경험을 통해서 자기 효능감이 강해지거나 약해진다. 성공의 경험이 또 다른 성공의 밑거름이 되는 이유는 자기 효능감 덕분이다.

어제보다 성장한 나, 즉 업글 인간으로서 자기가 정한 목표를 달성하면서 얻은 자기 효능감은 어려운 목표에 도전할 용기를 준다. 어려운 목표를 달성하면 자기 효능감은 더 커진다. 자기 효능감이 높으면 어떤 일을 하든지 자신 있게 도전하고 목표 달성 확률도 높아진다. 이런 선순환을 통해서 긍정적인 마인드세트를 갖는다. 자기 효능감이 높으면 어려운 상황에서 포기하지 않고 더 많이 노력한다. 설령, 목표 달성에 실패해도 노력이나 능력이 부족해서가 아니라 통제할 수 없는 외부 상황에서 원인을 찾는다. 그리고 다시 도전해서 목표를 달성한다.

반대로 자기 효능감이 낮으면 작은 문제가 생겨도 노력을 중단한다. 능력이 부족해서 실패했다고 생각한다. 이뿐만 아니라 자기가 가진 능력으로 충분히 달성할 수 있는 목표도 도전하기를 주저한다. 실제로 자기 능력이 부족해서 실패할 수도 있다. 하지만 모든 실패를 자기 탓으로 돌리면 자기 효능감은 더 떨어진다.

목사이자 작가인 노먼 빈센트 필이 쓴 《긍정적 사고방식》의 첫 단락 제목은 이렇다.

"당신 자신을 믿어라"

자신의 능력에 대해서 근거가 있는 믿음이 없다면 성공할 수도, 행복할 수도 없다. 오로지 자신의 능력에 대한 믿음, 즉 자기 효능감이 뒷받침되어야 목표를 달성한다. 자신감 부족과 열등감, 자기 능력을 믿지 않는 사람은 목표에 도전하지 않는다. 자기 능력에 비해 높은 수준의 목표에 도전하는 사람은 마음속 깊은 곳에 자기 능력에 대한 믿음이 있다. 자기 힘으로 목표를 달성할 수 있다는 믿음은 지능, 학력, 스펙보다 훨씬 더 중요하다.

겉으로는 자신 있는 것처럼 행동하지만 마음속으로 자기 능력을 의심하는 사람이 있다. 이런 상태를 '인지 부조화'라고 한다. 미국의 사회심리학자 레온 페스팅거와 메릴 칼스미스는 인지부조화 상태를 증명하는 실험을 했다. 실험에 참여한 학생에게 실감개의 실을 4분의 1 정도 풀어놓고 원래 상태로 감아놓는 단순하고 지루한 작업을 1시간 동안 반복하라고 시켰다. 실험이 끝난 후에 다음 실험에 참여하는 학생에게 "재미있는 작업을 했다"라고 거짓말을 하라고 시켰다. 그리고 실험에 참여한 대가로 한 그룹에는 1달러를 주었고 다른 그룹에는 20달러를 주었다.

실험 결과는 흥미로웠다. 재미없는 일을 하고 1달러밖에 받지 못한 그룹이 20달러를 받은 그룹보다 재미없는 일을 '재미있었다'라고 평가했다. 지루한 작업을 하고도 1달러밖에 받지 못해서 불만이 많을 것 같았지만 결과는 예상과 달랐다. 1달러를 받은 학생은 작업이 매우 지루했지만 '재미있었다'라고 믿으면서 불만을 해소했다. 이와 대조적으로 20달러를 받은 학생은 재미없는 일이지만 많은 대가를 받았기 때문에 재미없었다는 생각을 굳이 바꾸지 않았다.[5]

마음먹기에 따라 지루한 일을 재미있는 일로 만들 수 있다. 마음가짐은 우리가 하는 모든 행동에 영향을 준다. 목표 달성을 설명하는 책에서 인지 부조화를 설명하는 이유는 마음가짐과 행동이 일치해야 자기가 가진 능력을 제대로 발휘하기 때문이다. 자기 생각과 반대되는 행동을 어쩔 수 없이 한다면 결과가 좋을 리 없다. 목표를 달성하는 데 필요한 노력, 재미없고 지루한 일을 계속하려면 생각을 바꾸면 된다. 행동과 일치된 방향으로 생각을 바꾸면 인지 부조화가 사라진다.

목표를 달성한다는 믿음은 매우 중요하다. 인지 부조화 현상을 증명하는 실험 결과처럼 지루한 일도 '재미있는 일'이라고 생각하면, 일의 속성이 바뀌지 않아도 재미있는 일로 만들 수 있다. 실제로 재미없는 일도 긍정적으로 생각하면 동기가 부여된다. 하기 싫은 일을 억지로 하는 것보다 마음을 바꿔서 재미있는 일로 만들면 결과도 달라진다. 일하는 동안 배우는 것도 있다. 능력은 그렇게 계발된다.

하루를 시작하는 마음가짐에 따라 어제보다 나은 내가 될 수 있다. '오늘은 목표를 향해 한 걸음 다가가는 날이야'라고 생각하면 동기부여가 된다. 문제가 생기거나 일이 잘되지 않으면 '누구 때문에' '무엇 때문에'라고 탓하는 대신 '이번 실수로 이렇게 하면 안 된다는 걸 배웠어'라고 말하면 부정적인 생각에서 벗어날 수 있다. 어떤 상황이든지 배우는 게 있다고 생각하면, 어제의 나보다 성장한다.

멘탈 트레이닝이 필요한 이유

 긍정적으로 생각하는 사람은 언제나 많이 배우고, 많이 성취한다. '할 수 있다'라는 생각을 가지면 문제를 해결할 의지가 생긴다. 문제를 해결하는 의지는 자기 효능감에서 나온다. 자기 효능감은 자기 능력을 믿을 때 생기고 불안, 부정적인 생각을 줄인다.

 중요한 시험이나 프레젠테이션에서 긴장하는 이유는 자기 능력에 대한 믿음을 상실하기 때문이다. 누구나 긴장하는 순간이 있다. 긴장했을 때 안정을 찾는 사람과 그렇지 못한 사람의 차이는 자기 효능감에 있다. 언제 어디서나 좋은 결과를 만들려면 자기 효능감을 끌어내는 훈련이 필요하다. 이런 훈련이 정신 근육 mental muscle 을 강화하는 훈련이다. 멘탈 강화 훈련 또는 멘탈 트레이닝이라고 한다. 요즘 프로 스포츠 팀에는 멘탈 코치가 있다. 이들은 선수가 긍정적인 마인드를 갖도록 도와주고 실패해도 다시 도전할 수 있게 용기를 준다.

멘탈 트레이닝은 세 단계로 진행된다. 첫 번째는 동기를 부여하고 유지하는 단계다. 두 번째는 긴장을 없애고 비주얼라이제이션을 실천하는 단계다. 비주얼라이제이션을 통해서 목표 달성에 초점을 맞추고 부정적인 감정을 통제한다. 세 번째 단계에서는 몸과 정신을 가장 이상적인 상태로 만든다.[6]

세 단계 가운데 비주얼라이제이션이 가장 중요하다. 비주얼라이제이션은 명상과 비슷하다. 명상처럼 마음을 차분하게 해주며 집중력을 높인다. 걱정과 불안, 스트레스를 줄여준다.

비주얼라이제이션은 말 그대로 원하는 것을 구체적으로 상상하는 것이다. 자기 바람을 이미지로 만드는 것이 비주얼라이제이션이다. 비주얼라이제이션은 20분 정도 지속해야 효과가 있다. 익숙하지 않은 상태에서는 20분이 길게 느껴진다. 처음에는 10분 정도 긍정적인 생각, 원하는 것, 되고 싶은 상태 등을 생각한다. 조금씩 시간을 늘려가면서 목표에 관해서 생각한다. 실천하

기는 어렵지 않다. 비주얼라이제이션은 꾸준히 반복해야 효과가 있다.[7]

눈을 감고 원하는 것, 그것을 얻기 위한 노력 등을 생각하면서 목표에 초점을 맞춘다. 목표에 관해서 긍정적으로 생각하면 도전 정신이 생긴다. 당장 노력하면 며칠 만에 원하는 것을 이룰 것만 같다. 비주얼라이제이션은 혼자서도 충분히 실천할 수 있을 것 같지만, 실제로 실천하기가 쉽지 않다. 그래서 멘탈 코치의 역할이 중요하다.

세계적인 스포츠 스타는 심리 상담 전문가에게 중압감을 이겨내고 목표에 집중하는 훈련을 받는다. 여기서 가장 중심이 되는 훈련은 비주얼라이제이션이다. 중압감을 이겨내고 자기가 가진 기량을 유감없이 발휘하는 상상을 한다. 스포츠 스타의 심리 상담과 훈련 내용은 외부로 유출되지 않는다. 상담과 훈련에는 공식적인 목표 외에 사적인 고민도 포함돼 있기 때문이다.

멘탈 코치 역할은 대부분 스포츠 심리 상담 전문가가 담당하는데, 스페인 출신 골프 선수 존 람은 폭탄 해체 전문가 경력을 가진 멘탈 코치와 훈련해서 화제가 되었다. 존 람의 멘탈 코치는 '발작성 흥분' 증세를 상담해준 것으로 알려졌다. 폭탄 해체 전문가였던 멘탈 코치는 폭탄이 언제 터질지 모르는 초긴장 상태로 일하는 직업에서 얻은 노하우를 존 람의 훈련에 적용했다. 경기

중에 심리적인 동요를 가라앉히고 선수가 가진 기량을 최대한 발휘하도록 도와주었다. 멘탈 코칭을 받은 결과, 분노조절 장애를 겪고 있던 존 람은 미국 대학생 골프 대회에서 9회나 우승했다.[8]

운동선수가 멘탈 코치를 고용해서 훈련하는 것처럼 멘탈 트레이닝을 받기는 어렵다. 하루 중에 20분 정도 시간을 내서 목표에 관해서 생각하는 것은 모두가 할 수 있다. 학교나 직장, 집, 어디서든지 10~20분 정도 눈을 감고 만족할만한 수준으로 목표를 달성한 후의 모습을 생각한다. 좀 더 오랫동안 눈을 감고 목표에 관해서 구체적으로 생각하는 것도 좋다.

비주얼라이제이션을 실천하면 심리적인 안정을 얻고 자기 능력에 대한 믿음, 즉 자신감을 회복한다. 어려운 일을 끝낸 자신의 모습을 상상하면, 평범한 사람이 슈퍼 히어로의 능력을 얻은 것처럼 이상적인 능력이 몸속으로 들어온다.

목표를 달성한 자신의 모습, 성공한 모습을 상상할 때는 앞모습보다 뒷모습을 상상하는 게 효과적이다. 앞모습은 거울로 자주 봤기 때문에 머릿속에 그리기 쉽다. 비주얼라이제이션으로 만들어낸 자기 모습을 실제 자신과 동일시 하려면 뒷모습을 그리는 게 더 효과적이다. 머릿속으로 그려본 성공한 자신의 뒷모습은 강하게 기억에 남는다.[9]

눈을 감고 머릿속으로 성공한 모습을 그린다고 현실의 목표를 달성하는 건 아니다. 목표를 달성하는 데 직접적인 효과를 기대하기는 어렵다. 골프 선수 존 람이 그랬던 것처럼 멘탈 트레이닝을 계속하면 심리적인 안정을 찾고 자신감이 생긴다. 그 결과 성공 가능성이 높아진다. 눈을 감고 목표를 달성한 자신의 모습을 생각하는 것으로 성공 가능성이 높아진다면 이것을 하지 않을 이유가 없다.

뇌는 현실의 나와 머릿속으로 그린 상상의 나를 구별하지 못한다. 상상한 모습을 실현하기 위해서 계속 노력하면 머릿속에서 그린 세계가 현실이 될 확률도 높아진다. 멘탈 트레이닝은 원하는 것을 이룬다는 신념과 확신을 주고 목표를 달성했다고 상상하게 만든다. 이미 목표를 달성한 것처럼 상상하면 마음속에서 실천하게 만드는 에너지가 생성된다. 이 에너지는 통제할 수 없는 영역, 흔히 '운^{Lucky}'이라고 부르는 것을 나에게 유리한 방향으로 작용하게 도와준다.

낙관주의, 긍정의 힘, 운은 미신처럼 실체가 없지만, 멘탈 트레이닝을 통해서 운이 좋다는 믿음을 가지면 작은 성공에도 큰 기쁨을 얻는다. 이런 기쁨과 행복은 에너지로 치환되어 목표에 더 몰입하는 힘이 된다.

긍정적 생각과
목표 달성

긍정적인 생각은 신체에 영향을 준다. 대표적인 사례가 플라세보 효과 $^{Placebo\ effect}$다. 플라세보 효과는 약효가 없는 약을 효과가 있는 약이라고 속이고 환자에게 투여하여 치료 효과를 얻는 심리 효과다. 실제로 플라세보 효과를 알아보기 위한 실험에서 약효가 없는 약을 먹은 천식 환자 55명 가운데 5명이 가짜 약으로 천식이 완치됐다. 심리 효과가 실제로 치유 효과를 발휘한 것이다.

긍정적인 생각은 우리 몸에 변화를 가져오고 원하는 결과를 만들어낸다. 그렇다면, 긍정적으로 생각하려면 어떻게 해야 할까?

 긍정적으로 생각하는 가장 쉬운 방법은 긍정적인 표현을 사용하는 것이다. 긍정적인 말을 할 때, 그리고 긍정적인 이야기를 들었을 때 우리 뇌는 긍정적으로 반응한다. 긍정적인 표현은 동기부여와 목표 달성 욕구로 나타난다. 기분도 좋아진다. 반대로 부정적인 생각을 하거나 부정적인 말을 들으면 뇌는 스트레스에 반응하는 호르몬인 아드레날린을 분비한다. 아드레날린을 분비하는 횟수가 늘어나면 위궤양, 당뇨, 염증성 질환이 생긴다.[10]

 스트레스가 심하면 소화가 안 되고 입안이나 입술 주위가 부르트는 것도 아드레날린 분비와 관련이 있다. 좋지 않은 상황에서도 긍정적으로, 나에게 유리한 쪽으로 생각하고 말해야 한다. 그러면 마음의 여유가 생기고 플라세보 효과처럼 주변 상황이 나에게 유리하게 바뀌기도 한다. 때로는 곁에 두고도 보지 못한 기회를 발견한다.

 상황을 탓하고 불평불만을 늘어놓는 사람은 긍정적으로 생각하는 사람과 비교해서 노력의 양과 질이 다르다. 무슨 일이든 부정적으로 생각하면 될 일도 안 된다. 안 좋은 상황에서도 긍정적으로 생각하려면 유머를 이용한다. 억지로 즐거운 생각을 하기보다 유머로 반전의 기회를 모색하는 것이다. 처칠은 2차 세계대전 당시 독일군의 폭격으로 시민과 함께 방공호에 피신한 적이 있다.

방공호에서 한 시민이 "영국 수상은 도대체 뭘 하기에 나라 꼴이 이 모양이야?"라며 불평했다. 이 말을 들은 처칠은 "누군가 내 발을 밟고 있어서 달리 수를 써볼 수가 없네요."라고 대답했다. 수모를 겪으면서 유머를 잃지 않았던 처칠은 전쟁을 승리로 이끌었다. 그는 90대 중반까지 정치인으로 활발하게 의정활동을 했다.

어려운 상황에서 유머로 분위기를 바꾸는 것을 정신과에서는 '벤터링Bentering'이라고 한다. 벤터링은 비난하는 말에 유머로 응해서 헛웃음을 터트리게 만드는 화법이다. 절박한 상황에서도 유머는 긍정적으로 생각하게 만든다.[11]

유머는 긍정적인 생각, 마음의 여유, 재치 등의 결과물이다. 유머가 웃기지 않아도 괜찮다. 상황을 나에게 유리한 방향으로 풀어나간다면 유머는 제 역할을 한 것이다. 나에게 유리하지 않은 상황에서 유머로 분위기를 전환하려면 연습과 훈련이 필요하다.

커뮤니케이션 교육에서 강사는 상황에 따라 활용할 수 있는 유머를 알려준다. 하지만 부정적으로 생각하면 유머를 배워도 적절한 순간에 사용하지 못한다. 대체로 긍정적이고 낙천적인 사람이 유머를 적시 적소에 활용한다. 주변 사람을 웃기려고 유머를 이용하는 게 아니다. 유머로 상황을 바꾸려는 의지가 중요하다. 기왕이면 주변 사람이 웃으면 좋다. 하지만 꼭 웃기지 않아도 괜찮다. 난처하고 곤란한 상황에서 유머 한마디는 뇌의 부정적인 생각을 긍정적인 생각으로 바꿔놓는다. 유머로 상황을 바꾸겠다는 생각만으로 여유를 되찾는다.

유머가 상황을 긍정적인 방향으로 돌려놓는 이유는 마음가짐을 바꿔주기 때문이다. 긍정적으로 바라보면 자기가 하는 일과 공부를 더 잘하는 쪽, 원하는 방향으로 나아가는 방법을 찾는다. 자기 행동에 대해서 긍정적으로 생각하는 순간 해결책이 보인다.

긍정적인 말로 좋은 결과를 만드는 사례는 많다. 실패를 예상하는 사람은 고민과 불안감에 휩싸이고 과잉행동을 해서 실제로 실패한다. 성공을 예상하는 사람은 부정적인 생각을 통제하고 상황을 유리한 쪽으로 이용해서 좋은 결과를 만든다.

이미지 트레이닝을 연구하는 니시다 후미오는 다양한 분야에서 최고가 된 사람과 인터뷰를 하고 몇 가지 실험을 통해서 긍정적인 생각의 효과를 밝혀냈다. 항상 불평불만과 험담을 늘어놓는 사람은 어떤 일을 하든지 만족하지 못한다. 그 결과는 포기 또는 실패로 나타난다. 열악한 환경과 나쁜 조건을 탓하기보다 긍정적으로 생각하면 노력을 이어가고 좋은 결과를 만들 수 있다.[12]

아이오와대학의 심리치료 전문가 웬델 존슨은 22명의 아이를 대상으로 말더듬이 원인을 찾는 실험을 했다. 그는 아이들을 두 그룹으로 나눠서 한 그룹에는 말을 잘한다고 칭찬하며 긍정적인 방법으로 언어치료를 하고 다른 그룹에는 말을 똑바로 못한다고 부정적인 말을 늘어놓으며 핀잔을 주었다. 부정적인 말을 들은 아이들은 심리적인 영향을 받았으며, 평생을 언어장애로 고생했다. 이 실험은 몬스터 연구$^{Monster\ Study}$라는 이름으로 80여 년이 지난 지금까지 회자된다. 웬델 존슨은 《궁지에 빠진 사람들$^{Peopel\ in\ Quandaries}$》에서 이 연구를 소개했다. 이 책에서 부정적인 언어를 쓰는 사람은 '정신이 오염되었다'라는 표현을 썼다.

사용하는 언어에 따라서 생각과 행동이 바뀐다. 언어의 미묘한 차이가 실제로 매우 바람직한 상태를 만들기도 하고 때로는 문제 해결의 실마리가 된다.

내가 하는 모든 결정은 옳다

선택지가 많은 건 축복일까? 점심 메뉴 선택, 전공학과 선택, 직장 선택 등 우리는 매 순간 선택을 한다. 수학 공부를 먼저 할까? 영어 공부를 먼저 할까? 이것도 선택이다. '선택지가 많다'와 '선택의 폭이 넓다'라는 말은 같은 의미로 들리지만 실제로는 그렇지 않다.

점심 메뉴 선택은 목표 달성과 특별히 관련이 없지만, 전공, 직장, 결혼은 인생을 좌우하는 선택이다. 우리는 목표를 달성하는 과정에서 많은 선택을 한다. 선택에 따라서 목표를 빨리 달성할 수도 있고 목표에서 멀어지기도 한다.

학생, 직장인 중에 자기가 무엇을 하고 싶은지, 무엇이 되고 싶은지 모르는 사람이 있다. 하고 싶은 일, 즉 목표가 없으면 인생의 방향을 정할 수 없다. 중요한 것을 얻기 위해 덜 중요한 것을 버리는 전략도 세울 수 없다.

목표를 정하지 않은 상태에서 인생을 좌우하는 결정을 할 수 없다. 하고 싶은 일, 목표가 없는 상황에서 선택지가 많으면 스트레스만 늘어난다. 진로, 직업 등을 결정할 때는 우선 하고 싶은 일을 몇 가지로 제한해서 선택지를 줄인다. 그러면 공부, 시험, 일에서 목표가 명확해진다.

하고 싶은 일을 정했다고 해서 선택이 끝난 건 아니다. 목표를 달성하는 과정에 수없이 많은 결정을 한다. 어떤 선택을 하든지 얻는 것과 포기하는 것이 생긴다. 직장을 선택할 때도 마찬가지다. A회사는 보수가 많다. B회사는 하고 싶은 일을 하면서 경력을 쌓을 수 있다. 경제적으로 얻는 것만 본다면 A회사를 선택할 것이다. 하지만 포기하는 것을 생각하면 선택이 바뀔 수 있다. A회사는 할 일이 굉장히 많아서 휴식을 포기해야 한다. B회사는 수입이 일정하지 않다. 포기하는 것, 단점까지 생각한 후에는 결정을 바꾸거나 처음에 했던 결정을 고수한다.

모든 결정에는 동전의 양면처럼 얻는 것과 포기하는 것, 장단점이 있다. 단점과 포기하는 것을 받아들일 수 있는지에 따라 결정하는 것이 좋다. 중요한 결정 앞에서는 '무엇이 더 좋은지'가 아니라 '어떤 단점까지 수용할 수 있느냐'를 고민한다.[13]

목표를 정해야 도전을 시작할 수 있다. 도전하는 과정에도 여러 가지 선택을 한다. 목표 달성을 가로막는 장애물은 잘못된 선택이 아니라 실패에 대한 두려움이다. 실패가 아니라 실패할지도 모르는 두려움이 결정하지 못하게 만든다. 목표를 달성하는 과정에 크고 작은 실패를 한다. 실패는 사람을 더 강하게 만든다. 목표 달성에 실패하면 목표 수준을 바꿔서 다시 도전하면 된다.

IBM을 설립한 토머스 J. 와트슨은 기자로부터 "남들보다 빨리, 큰 성공을 거둔 비결이 무엇입니까?"라는 질문을 받고 이렇게 대답했다. "남들보다 빨리 성공하고 싶으면 남들보다 두 배나 빨리 실패를 해봐야 합니다. 성공과 실패는 동전의 양면이기 때문이죠."[14]

해답은 토머스 J. 와트슨의 대답에 있다. 실패를 피할 수는 없다. 목표를 정하고 노력한다고 모두 성공하는 건 아니다. 하지만 우리는 어린 시절에 실패를 인정하지 않는 환경에서 자라고 학교와 직장에서 성공해야 한다고 배웠다. 실패한 후에 겪는 일은 배운 적이 없다. 이런 이유로 실패를 두려워한다.

결정을 못 하는 이유는 잘못된 선택으로 인해서 실패하는 게

두렵기 때문이다. 결정을 못 하는 사람이 두려워하는 것은 잘못된 결정을 하는 게 아니라 잘못된 결정으로 내가 갖고 있던 것을 잃어버린다는 생각이다. '잘못된 결정을 하면 안 된다' '실패하면 안 된다' '완벽해야 한다'라는 생각이 실패에 대한 두려움을 키운다.

목표를 정하고 도전할 때마다 완벽해야 한다는 생각과 결과가 잘못되지 않을까 하는 걱정이 우리 발목을 잡는다. 이런 걱정은 도움이 안 된다. 어떤 결정을 하든지 잃어버리는 것은 없다. 어떤 선택을 하든지 얻는 게 있다. 결정의 순간에 '이렇게 해야 하나, 저렇게 해야 하나'라는 생각보다 '계획한 대로 되지 않으면 어떻게 하지?'라는 생각이 머릿속을 채운다. 온갖 수단을 동원해서 미래를 예측한다. 결정한 뒤에도 계속 뒤를 돌아보면서 '다른 선택을 했으면 어땠을까?'라고 생각한다. 이런 생각은 어떤 결정을 하든지 후회하게 만든다.

목표를 달성하는 과정에 수많은 선택을 한다. 자기 의지에 따라 선택을 한 후에 '다른 선택을 했으면 좋았을 텐데'라는 생각을 하면 어떤 선택을 하든지 후회한다. 아직 일어나지도 않은 일을 미리 걱정하거나 선택하지 않은 길을 되돌아볼 필요는 없다. 문제가 현실로 나타나면 문제를 해결하기 위한 결정을 하면 된다. 오늘 내린 결정이 영원하란 법은 없다. 결정을 번복하는 것과 문제를 해결하기 위해 새로운 결정을 하는 건 다르다.

목표가 명확하고 계획이 구체적이라면 어떤 결정을 하든 상관없다. 미래를 예측해서 선택하는 게 아니라 내가 선택한 방향으로 미래를 개척한다는 생각을 가져야 한다. 모든 결정의 끝에는 '좋은 결과'만 있다. 목표를 달성하려면 실패할지도 모른다는 생각을 없앤다. 실패에 관한 두려움을 없애려면, 어떤 선택을 해도 잃을 게 없다, 얻는 것만 있다는 사고방식을 갖는다.[15]

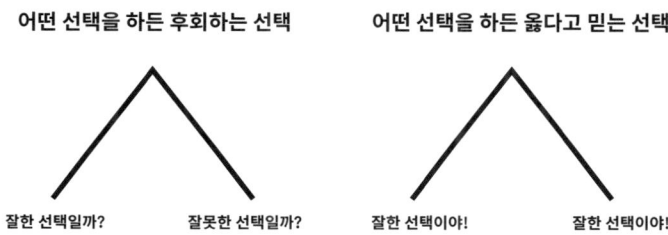

실수를 두려워하지 않으면서 자신의 결정을 기꺼이 받아들이는 자세는 긍정적인 생각, 성장형 마인드세트보다 중요하다. 자기가 어떤 결정을 하든지 옳다고 믿으려면 지속해서 마인드 컨트롤을 한다. 아침에 할 일 목록을 쓰기 전에 '오늘 내가 하는 결정은 모두 옳다'라고 쓰는 것도 바람직하다. 결정의 순간에 머리를 맞대고 의논할 사람이 없다고 중요한 결정을 미루거나 아무런 결정도 하지 않으면 최악의 결과만 남는다.

자기가 한 결정을 후회하면서 최선을 다하는 건 불가능하다. 실패에 대한 두려움도 더 커진다. 마음 한쪽에 두려움이 있으면 최선을 다하지 못한다.

실패해도 배우고, 성공해도 배운다. 성공하면 좋은 결과를 얻는다. 이렇게 생각하면 두려움보다 목표 달성에 대한 기대감이 더 커진다. 물과 건초더미를 양쪽에 두고 무엇을 먼저 먹을지 결정하지 못하고 망설이다가 굶어 죽는 당나귀 이야기가 있다.

14세기의 철학자 장 뷔리당의 이름을 딴 '뷔리당의 당나귀'는 결정과 실천, 도전하지 못하는 사람에게 교훈을 준다.

뷔리당의 당나귀 이야기는 건초더미와 물 사이에 서 있는 배가 고프고 목도 마른 당나귀가 아무런 결정도, 실천도 하지 않았을 때 어떤 일이 벌어지는지 보여준다. 당나귀는 건초더미와 물 사이에 있다. 건초더미와 물까지의 거리는 같다. 당나귀는 건초와 물 사이에서 무엇을 먼저 먹을지 결정하지 못한다. 둘 중 하나를 선택하는 것이 이상적인 결정이지만 이야기 속 당나귀는 두 가지 선택을 재보다가 끝내 결정하지 못하고 굶어 죽는다.[16]

건초더미 사이에서 굶어 죽는 뷔리당의 당나귀가 되지 않으려면, 어떤 결정이든 해야 하고 그 결정이 옳다고 믿어야 한다. 결정의 끝에는 언제나 좋은 결과만 있다는 믿음이 좋은 결과를 만든다.

06

빠른 결정은 목표 달성에 도움이 된다

 결정을 미루면 목표 달성이 며칠 뒤로 미뤄지는 게 아니라 심각한 문제가 생긴다. 축구 경기에서 골키퍼가 페널티킥을 막는 모습을 보면 어떤 결정이든지 빨리하는 게 낫다는 말이 이해가 된다. 페널티킥에서 키커가 발로 공을 차기 전에 골키퍼는 오른쪽이나 왼쪽 어느 한쪽을 선택해서 몸을 날린다. 골키퍼의 95퍼센트가 한쪽으로 방향을 정해서 몸을 날린다. 키커가 공을 찬 후에 골키퍼가 방향을 확인하고 몸을 날리면 공을 막을 수 없다.

 통계적으로 페널티킥 중 28퍼센트는 한가운데로 공이 날아온다. 골키퍼가 가운데 서 있으면 열 번의 페널티킥 중에 두세 번은 막는다. 확률로 보면, 가운데 서 있으면 28퍼센트는 공을 막을 수 있다. 골키퍼가 가운데 서서 팔을 벌리고 공을 막는 것이 확률적으로 최선의 결정이다. 골키퍼도 이런 사실을 을 잘 안다. 골키퍼의 목표는 골대로 들어가는 공을 막는 것이다. 가운데 서 있으면 열 번 중 두세 번을 막는다. 하지만 일곱 번 점수를 내줬을 때, 여론과 관중의 질타를 견뎌야 한다. 하지만 어느 쪽이라도 방향을 정해서 몸을 날리면 실점하더라도 최소한 가만히 있었다는 질타는 피할 수 있다.[17]

골키퍼가 오른쪽이나 왼쪽으로 몸을 날려서 여론의 질타를 피하는 것처럼 '생각해보자'보다 '결정하자'가 바람직하다. 목표를 달성하는 과정에 결정의 순간이 오면 일정 기간 생각한 후에 결정한다. 더 나은 결정을 위해서 계속 정보를 모으고 생각만 하는 게 제일 나쁘다. 결정을 미루면 문제는 더 커지고 목표 달성에서 멀어진다.

문제가 너무 커지면 회피하거나 마지막에 급하게 결정을 한다. 어떤 결정이든지 완벽하지 않다. 충분히 생각했다면 오늘 결정을 하나 내일 결정을 하나 마찬가지다.

"늦은 결정이 나쁜 결정보다 더 나쁘다."라는 말이 있다. 오랜 시간 철저하게 계획을 세워도 어긋나는 부분이 있다. 분석만 하

면서 시간을 끌면 목표 달성과 더 멀어진다.[18]

목표를 달성하려면 결정의 순간에 주저해서는 안 된다. 더 빨리, 더 큰 목표를 이루려면 결정을 미루면 안 된다.

초식동물은 본능적으로 새로운 먹이가 있는 들판으로 옮겨갈 시기를 안다. 그 시기를 '합리적'으로 결정한다. 초식동물의 결정은 결코 동물적이지 않다. 초식동물은 들판에 먹이가 줄어들면 새로운 목초지를 찾아 이동한다.

더 많은 풀이 있는 곳으로 옮기는 게 당연하다. 하지만 초식동물 입장에서는 뷔리당의 당나귀가 그랬던 것처럼 자리를 옮기는 결정을 하기가 어렵다.

실제로 이동하지 않으면 새로 옮길 곳에 풀이 더 많은지 알 수 없다. 또 탐색하는 동안에는 먹이를 원하는 만큼 먹을 수도 없다. 탐색하는 데, 즉 정보를 모으는 데도 시간이 필요하다. 먹이가 부족하면 자리를 옮겨야 한다는 것을 알면서도 이동할 곳과 이동할 시기를 결정하지 못한다.[19]

목표를 달성하는 과정에 결정의 순간이 찾아오면 누구나 완벽한 결정, 후회 없는 결정을 하려고 애쓴다. 완벽한 결정을 하는 방법론은 있다. 하지만 세상에 누구도 그 방법론에 따라 결정할 수는 없다. 대안의 장단점을 모두 따져볼 수 없고 대안에 관한 정보도 부족하다. 최선을 다해서 경우의 수를 생각하고 가능한 많은 정보를 수집한다. 시간을 갖고 생각해도 가장 좋은 결정을 한다는 보장은 없다.

우리는 완벽하지 않은 상태에서 결정한다. 완벽한 결정을 하는 방법이 있어도 그 방법을 실행할 수는 없다. 하지만 더 나은 결정을 하는 방법은 있다. '최고' 또는 '최선'이 아니라 '적당히 좋은' 방향으로 결정하는 것이다. '이 정도면 충분하다'라는 기준을 만들고 그 기준에 맞으면 결정한다.

심리학자 게리 클라인은 《인튜이션》에서 화재를 진압하는 소방관과 전쟁터의 군인, 응급실의 간호사가 결정하는 방식을 소개했다. 이들이 긴박한 순간에 가장 합리적인 결정 방법론을 활용할 것이라고 예상했지만 그렇지 않았다. 소방관, 군인, 간호사는 긴급 상황에서 여러 가지 대안을 의식적으로 따져서 판단하지 않는다. 여러 번 경험하고 반복해서 본 기억을 재빨리 가져와서 무엇을 할지 결정하고 즉시 실행한다. 경험과 훈련을 통해 몸으로 익힌 순서에 따라 최선의 대처방안이라고 결정한 것을 바로 실행한다. 이 정도면 충분하다고 느끼면 바로 행동한다.

"이 정도면 됐다."라고 생각하고 결정하는 것이 직관이다. 긴급 상황에서 결정에 이용하는 것은 직관보다 조금 더 작은 섬광 같은 통찰력이다.

목표를 달성하는 사람은 자신이다. 일생일대의 중대한 결정을 가족, 주변 사람에게 물어보거나 남의 눈에 어떻게 보일지 신경 쓰면 절대로 옳은 결정을 할 수 없다. 자기만의 계획과 목표가 확실하면 도전 의지가 생긴다.

지그 지글러는 이렇게 말했다.

"목표 없이 배회하다가 어느 날 갑자기 에베레스트 정상에 서는 사람은 없다."

목표가 없는 사람이 갑자기 사업에 성공하거나 원하는 것을 얻는 일은 일어나지 않는다. 목표를 정하고 가족과 친구, 동료에게 자기 목표에 관해서 자주 이야기하면 결정하기가 수월하다. 목표를 잘 보이는 곳에 붙여놓는 것보다 주변 사람에게 목표를 이야기하는 게 결정에 관한 확신을 얻는 방법이다. 목표는 비밀이 아니지만, 매우 사적인 영역이다. 그래서 다른 사람에게 이야기하기를 꺼린다. 하지만 주변 사람에게 목표를 이야기하면 결정에 필요한 조언을 들을 수 있고 주변 사람을 실망하게 하지 않으려고 더 열심히 하게 된다.

낙관적인 자세, 긍정적인 말과 행동을 하면서 자기에게 유리한 방향으로 상황을 만드는 게 중요하다. 항상 긍정적인 말과 행동을 하면서 옳은 결정을 한다고 믿으면 복잡하게 얽힌 일도 해결책이 보인다. 긍정적인 사람이 정서적인 안정을 유지하고 옳은 결정을 하고 좋은 기회를 더 많이 얻는다. 그 결과 목표를 달성한다.

"목표 없이 배회하다가 어느 날 갑자기 에베레스트 정상에 서는 사람은 없다."

　세계적인 동기부여 전문가 지그 지글러가 한 말이다. 인생에 목표가 필요하지 않은 순간은 없다. 꼭 이루고 싶은 개인의 목표, 인생을 걸고 이뤄야 하는 목표가 있다. 당장 이번 주 또는 이번 달 안에 직장에서 끝내야 하는 일이 있다면 그것도 목표가 된다.

　나는 '목표'라는 말을 들으면, 어린 시절에 학교 칠판 왼쪽 위에 흰색으로 적혀있는 '학습 목표' 글자가 생각난다. 칠판을 만들면서 적어 넣은 '학습 목표' 글자는 칠판지우개로 문질러도 지워지지 않는다. 칠판 수명이 다하는 그 순간까지 그 글자는 남아 있다.

　모든 목표는 칠판에 적혀있는 '학습 목표' 글자처럼 선명해야 한다. 하지만 선명한 목표를 가진 사람은 그리 많지 않다. 저마다 목표가 있지만, 주변 사람에게 "내 목표는 이거야"라고 자신 있게 말하는 사람은 별로 없다. 선명한 목표가 있었던 게 언제였는지 기억나지 않는 사람도 있다.

　목표가 없는 건 아닌데, 주변 사람에게 목표를 말하지 못하는 상태가 오랫동안 지속하면 혼자서만 생각하던 목표도 기억에서 사라진다. 시간이 한참 지나면 "나에게 목표가 있었나"라고 생각할 정도로 목표는 딴 세상 얘기가 된다.

  모든 사람은 목표가 있다. 너무 오랫동안 생각하지 않아서 기억하지 못할 뿐이다. 나는 일주일에 한 번, 주말에 목표에 관해서 생각한다. 일생일대의 거창한 목표, 지난주에 계획한 일 등을 생각한다. 완료하지 못한 일은 무엇 때문에 완료하지 못했는지, 더 효율적으로 하는 방법을 생각한다. 목표를 생각하는 요일은 각자 생활 방식에 맞게 정하면 된다. 목표에 관해서 생각하는 건 별 것 아닌 것 같은데 생각하는 날을 정해두지 않으면 목표를 잊어버린다. 주말에 쉰다면 여유가 있는 주말에 목표를 생각하기 바란다.

  목표가 무엇이든지 그 목표를 자주 생각하고 다이어리에 쓰는 게 중요하다. 자주 생각할수록 더 빨리 목표를 달성한다. 운동선수가 훈련을 쉬는 동안 이미지 트레이닝을 하는 것처럼 목표에 관해서 자주 생각하면 목표를 달성하는 효과적인 방법이 계속 머리에 떠오른다. 계획을 세워서 실천하고, 진전이 없으면 방법을 바꿔서 될 때까지 반복한다. 어떤 목표든지 마찬가지다. 목표 달성의 첫 걸음은 목표를 자주 생각하는 것이다.

정경수

1장

1. 케빈 크루즈 지음, 김태훈 옮김,《하루 관리 습관》,(프롬북스, 2017), 76쪽
2. 지미 칼리노 지음, 이주형 옮김,《20/30 미래를 위해 꼭 해야 할 89가지》,(청년정신, 2005), 26쪽
3. 크리스 베일리 지음, 황숙혜 옮김,《그들이 어떻게 해내는지 나는 안다》,(알에이치코리아, 2016), 69쪽
4. 로라 밴더캠 지음, 송연석 옮김,《시간 창조자: 똑같이 주어진 시간, 그러나 다르게 사는 사람들》,(책읽는수요일, 2011), 13쪽
5. 로라 스택 지음, 조미라 옮김,《적게 일하고 많이 성취하는 사람의 비밀》,(처음북스, 2013), 71쪽
6. 오웨인 서비스·로리 갤러거 지음,《씽크 스몰》,(별글, 2018), 84쪽
7. 로버트 포즌 지음, 차백만 옮김,《그는 어떻게 그 모든 일을 해내는가》,(김영사, 2015), 177~178쪽
8. 홍진표 지음,《생각코딩, 머리를 잘 쓰는 사람들의 비밀》,(김영사, 2019), 200~202쪽
9. KBS 〈과학카페〉 기억고수들의 세 가지 습관 제작팀 지음,《기억력도 스펙이다》,(비전코리아, 2013), 124쪽
10. KBS 〈과학카페〉 기억고수들의 세 가지 습관 제작팀 지음,《기억력도 스펙이다》,(비전코리아, 2013), 123쪽
11. 이민규 지음,《실행이 답이다》,(더난출판사, 2011), 254쪽
12. 강규형 지음,《성과를 지배하는 바인더의 힘》,(스타리치북스, 2013), 166쪽

2장

1. 브라이언 트레이시 지음, 이옥용 옮김,《개구리를 먹어라》,(북앳북스, 2013), 19쪽
2. 세스 고딘 지음, 유영희 옮김,《세스고딘의 시작하는 습관》,(21세기북스, 2011), 21쪽
3. 오웨인 서비스, 로리 갤러거 지음, 김지연 옮김,《씽크 스몰》,(별글, 2018), 92~93쪽
4. 밥 니스 지음, 김인수 옮김,《습관의 경제학》,(라이팅하우스, 2016), 63쪽
5. George F. Loewenstein·Christopher K. Hsee·Sally Blount·Max H. Bazerman, "Preference Reversals Between Joint and Separate Evaluations of Options: A Review and Theoretical Analysis", (Psychological Bulletin, 1999)
6. Zauberman, Gal·John G. Lynch Jr. "Resource Slack and Propensity to Discount Delayed Investments of Time Versus Money", (Journal of Experiment Psychology, 2005)
7. 비벌리 K. 베이첼 지음, 최설희 옮김,《나는 왜 자꾸 미룰까?》,(뜨인돌, 2017), 58~59쪽
8. 션 영 지음, 이미숙 옮김,《무조건 달라진다》,(21세기북스, 2018), 26쪽
9. Giada Di Stefano, Francesca Gino. Gary Pisano. Bradley Staats, "Learning by thinking how Reflection Improves performance.", (Harvard Business School working paper, 2014.4.11)
10. 이철우,《심리학이 연애를 말하다》,(북로드, 2008), 137쪽

3장
1. 레프 톨스토이 지음, 이선미 옮김, 《톨스토이의 어떻게 살 것인가》, (소울메이트, 2014), 15쪽
2. 수잔 제퍼슨 지음, 노혜숙 옮김, 하지현 감수, 《도전하라 한 번도 실패하지 않은 것처럼》, (웅진씽크빅, 2007), 175쪽
3. 이태영 기자, 장기 목표 없으면 하버드 가도 실패, 〈세계일보〉, 2010년 12월 12일
4. 권광영 지음, 《너만의 성공 인프라를 만들어라》, (넥서스, 2004), 178쪽
5. 브라이언 트레이시 지음, 함규진 옮김, 《12가지 성공법칙》, (씨앗을뿌리는사람, 2008), 290쪽
6. 이명원 지음, 《우선순위 법칙》, (웅진윙스, 2008), 112쪽
7. 이토 마코토 지음, 이동희 옮김, 《이기적인 시간술》, (전나무숲, 2008), 74쪽
8. 이선목 기자, 국제 [His 스토리] '1마일, 4분 벽' 깬 배니스터, 영국 육상의 별이 지다, 〈조선일보, 2018.3.5〉
9. 루시 조 팰러디노 지음, 조윤경 옮김, 《포커스존: 집중력을 위한 뇌의 재발견》, (멘토르, 2009), 358~359쪽
10. 이케다 요시히로 지음, 윤경희 옮김, 《뇌에 맡기는 공부법》, (샘앤파커스, 2018), 165쪽
11. 브라이언 트레이시 'Maximum achievement' 강연
12. 존 휘트모어 지음, 김영순 옮김, 《성과 향상을 위한 코칭 리더십》, (김영사, 2007), 89쪽
13. 박경숙 지음, 《문제는 무기력이다》, (와이즈베리, 2013), 281~282쪽
14. 백기복, 《이슈 리더십》, (창민사, 2000), 189쪽 / 민경호, 《조직행동론》, (무역경영사, 2005), 254쪽
15. 데일 카네기 지음, 임은진 옮김, 《생각의 기술》, (빛과향기, 2007), 220쪽

4장
1. 사이먼 사이넥 지음, 이영민 옮김, 《나는 왜 이 일을 하는가?》, (타임비즈, 2013), 65~67쪽
2. 톰 버틀러 보던 지음, 이정은 옮김, 《내 인생의 탐나는 자기계발 50》, (흐름출판, 2009), 73쪽
3. 게리 비숍 지음, 이지연 옮김, 《시작의 기술》, (웅진지식하우스, 2019), 16쪽
4. 베르나르 크루아질 책임편집, 이세진 옮김, 서유헌 감수, 《기억창고 정리법》, (사이언스북스, 2007), 49쪽
5. 김남현 지음, 《IQ 페스티벌 맨사 아이큐 테스트1 실전편》, (미리ON, 2008), 62~63쪽
6. Lee Roop, 'Game changer' research shows video game training improves brain power in older adults (video), (AL.com, 2013.9.5)
7. 임창환(한양대학교 생체공학과 교수), 나이 들어서도 건강한 뇌를 유지하는 방법, (한양대학교 계산신경공학 연구실 아카이브)
8. 윌 보웬 지음, 김민아 옮김, 《불평없이 살아보기》, (세종서적, 2009), 56쪽
9. 레이몬드 아론·수 레이저 지음, 정윤미 옮김, 《지금 당장 손에 넣어라》, (비즈니스맵, 2008), 166쪽
10. 톰 버틀러 보던 지음, 이정은 옮김, 《내 인생의 탐나는 자기계발 50》, (흐름출판, 2009), 231~232쪽

5장

1. 칼 알브레히트 지음, 조자현 옮김, 《실용지능이 성공의 기회를 만든다》, (흐름출판, 2009), 129쪽
2. 차동엽 지음, 《무지개 원리: 하는 일마다 잘 되리라》, (국일미디어, 2012), 214~215쪽
3. 바비 드포터 지음, 최문희·이하나·서지훈 옮김, 《퀀텀 석세스, 8가지 성공의 습관》, (와이드룩, 2015), 66~67쪽
4. 미칼코 지음, 박종하 옮김, 《생각을 바꾸는 생각》, (끌리는책, 2013), 55~56쪽
5. 간바 와타루 지음, 손문행·김현영 옮김, 《트릭의 심리학》, (에이지21, 2006), 52~53쪽
6. 이정일 지음, 《아테네 승리법》, (미다스북스, 2006), 175~176쪽
7. 햄린사 지음, 이광준 옮김, 《토털웰빙》, 103쪽
8. 이관우 기자, [골프 멘탈 코치가 진짜 폭탄처리반 출신이라고?], (한국경제, 2017.07.19)
9. 고다마 마츠오 지음, 오희욱 옮김, 《일러스트로 이해하는 잠재력을 높여주는 책》, (국일미디어, 2002), 161~162쪽
10. 양창순 지음, 《CEO, 마음을 읽다》, (위즈덤하우스, 2010), 173쪽
11. 이시형 지음, 《뇌력혁명》, (북클라우드, 2013), 97~98쪽
12. 김이율 지음, 《끝까지 하는 힘》, (판테온하우스, 2010), 192~193쪽
13. 나카타니 아키히로 지음, 이선희 옮김, 《스트레스의 재발견》, (도서출판 작은우주, 2019), 92쪽
14. 브라이언 트레이시 지음, 서동민 옮김, 《자신 있게 도전하라》, (글로만든집, 2001), 199쪽
15. 수잔 제퍼스 지음, 하지현 감수, 노혜숙 옮김, 《도전하라 한 번도 실패하지 않은 것처럼》, (리더스북, 2007), 156~157쪽
16. 엘링 카게 지음, 강성희 옮김, 《생각만큼 어렵지 않다》, (라이온북스, 2011), 63쪽
17. 이동우 지음, 《혼자 일하는 즐거움》, (알프레드, 2016), 198쪽
18. 제이슨 프라이드·데이비드 하이네마이어 핸슨 지음, 정성묵 옮김, 《똑바로 일하라》, (21세기북스, 2011), 86~88쪽
19. 크리스 블레이크 지음, 김형진·김명철 옮김, 《결정의 기술》, (펜하우스, 2010), 61쪽